세
네
카
씨,

오늘 수영장

물 온도는

좀 어때요?

세네카 씨, 오늘 수영장 물 온도는 좀 어때요?

스토아 철학으로 배운 이 세상을 수영하는 법

ⓒ 정강민 2025

초판 1쇄	2025년 8월 14일
지은이	정강민

출판책임	박성규	펴낸이	이정원
편집주간	선우미정	펴낸곳	도서출판 들녘
기획이사	이지윤	등록일자	1987년 12월 12일
편집진행	이수연	등록번호	10-156
디자인진행	한채린	주소	경기도 파주시 회동길 198
일러스트	홍세진	전화	031-955-7374 (대표)
편집	이동하·김혜민		031-955-7389 (편집)
디자인	조예진	팩스	031-955-7393
마케팅	전병우	이메일	dulnyouk@dulnyouk.co.kr
경영지원	나수정		
제작관리	구법모		
물류관리	엄철용		

ISBN 979-11-5925-956-2 (03810)

값은 뒤표지에 있습니다. 잘못된 책은 구입하신 곳에서 바꿔드립니다.

세네카 씨, 오늘 수영장 물 온도는 좀 어때요?

스토아 철학으로 배운 이 세상을 수영하는 법

정강민 지음

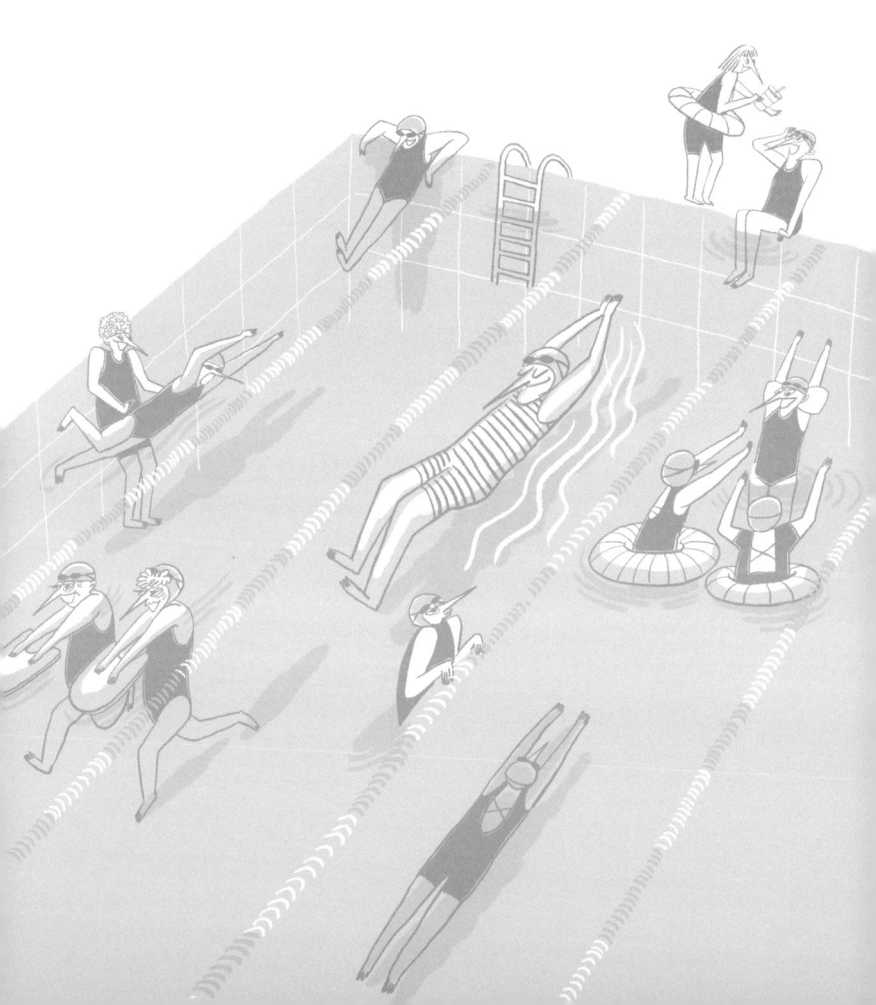

추천사

쇼펜하우어가 고통의 본질을 꿰뚫었다면, 스토아 철학은 그 고통을 견디는 기술을 알려준다. 혼란과 불안의 시대, 단순한 위로나 회피가 아닌 '정신의 단련'이 필요한 지금, 스토아 철학은 놀랍도록 현대적이고 현실적이다. 읽는 사람에게 고요한 용기를 전하고 삶의 균형을 잡는 법을 알려주는 책이다. 이제, 쇼펜하우어 다음은 스토아 철학이다.

― 김경집 인문학자

스토아! 2,300여 년의 장구한 시간 속에서 수도 없이 검증된, 가장 현실적이고 실용적인 삶의 태도. 그래서 오늘날 우리 삶의 기술이 되기도 하는 고대의 철학.
스토아 철학을 말하는 책만 이미 수백 종이다. 하지만 이 책은 단연 천재적이며 압도적이다. 수영, 배움, 인생, 철학, 자유, 행복… 이 납작한 것들을 겹겹이 쌓아놓은 후, 저자는 그 겹들을 단박에 관통해 전혀 다른 차원으로 도약하는 이야기를 만든다. 그 때문일까? 정강민의 문장들은 마치 입방체처럼 보인다. 읽는 동안 머릿속에 떠오른 수많은 생각이 흩어지지 않고 자꾸 각을 잡고 쌓인다. 아주 독특한 독서 경험을 선사하는 멋진 철학 에세이다.

― 김성신 출판평론가

차례

프롤로그　우리에게 기쁨이 부족한 이유는　　　　　　　　　009

제1장
난생처음, 수영장

- 실내 수영장의 아타락시아　　　　　　　　　　　016
- 지금, 행복하지 않다고 느낀다면　　　　　　　　020
- 움직임 뒤에 행복이 있다　　　　　　　　　　　024
- 처음으로 물 먹은 날　　　　　　　　　　　　　028
- 수영을 시작하고서 달라진 것들　　　　　　　　032
- 습식 수건이라는 신문물　　　　　　　　　　　036

제2장
처음엔 누구나 허우적거린다

- 우연히 지혜로워지는 사람은 없다　　　　　　　042
- 힘을 빼려면 힘을 길러야 한다　　　　　　　　046
- 통제할 수 있는 일에 최선을 다하기　　　　　　051
- 장애물과 동행할 결심　　　　　　　　　　　　055
- 드디어 자유형 호흡에 성공하다　　　　　　　　059
- 의도하는 삶과 무의식적인 삶　　　　　　　　　064
- 흐르는 강물처럼, 아모르 파티　　　　　　　　　068

제3장

내가 수영장 레인을 무수히 오가며 생각한 것들

- 끝마칠 때 기분 좋은 일을 하라 … 074
- 멈추지 않고 계속하는 비결 … 079
- 첫 배영 수업 … 083
- 초보자의 물장구와 시끄러운 자판 소리 … 087
- 가고, 가고, 가는 중에 알게 된다 … 091
- 평영, 삶을 가장 많이 닮은 영법 … 096
- 성급함은 약함의 한 형태 … 101

제4장

깊은 수심을 경험하다

- 제자리에서 편안하게 헤엄치는 법 … 110
- 수영장의 작은 영웅들 … 115
- 완전히 소진해야만 충만해진다 … 119
- 드디어 접영 수업, 그리고 잠시 안녕 … 123
- 나는 이불 속에서 몸을 따뜻하게 하려고 태어난 존재인가? … 128
- 물 한 잔과 비타민 한 포의 사색 … 134
- 우리는 거센 파도 위에 있다 … 138

제5장

물속을 자유롭게 유영하며

◦ 우리는 오늘도 비열한 인간들을 만날 것이다	144
◦ 접영 리듬의 핵심은 기다림	149
◦ 최악의 하루에도 깨달음이 깃든다	153
◦ 삶을 다시 시작하는 방법	160
◦ 이 세상의 암묵적 규칙	165
◦ 플립턴을 독학하다	169
◦ 종아리에 쥐가 났던 날	174
◦ 우리는 어느 곳에서도 삶을 배울 수 있다	178

에필로그 물속에서는 모든 것이 단순해진다   182

프롤로그

우리에게 기쁨이 부족한 이유는

여름방학이면 친구들과 함께 자전거를 타고 달려간 광안리와 해운대. 텁텁한 바람에 실려 오는 비릿한 냄새가 바다에 가까웠음을 알려주면, 우리는 환호성을 지르며 팬티만 걸친 채 물속에 뛰어들었다. 그 순간 느꼈던 해방감은 그 무엇과도 바꿀 수 없는 것이었다. 하지만 그 시절, 나는 물을 좋아하면서도 수영은 하지 못하는 아이였다. 시원한 물에 머리까지 몸을 푹 담그고 숨을 참으며 노는 것이 고작이었다. 그 뒤로도 오랜 세월 '물 위에 떠서 앞으로 나아가는 일'은 나에게 '못하는 일'로 남아 있었다.

그러던 어느 날, 아파트 게시판에 덕지덕지 붙은 공지문

들 사이에서 우연히 글귀 하나가 눈에 들어왔다.

　수영 회원 모집

대수롭지 않다는 듯 지나쳤지만, 마음 한구석은 작게 요동쳤다. 흰머리가 희끗희끗한 중년 남자가 수영복을 입고 사람들 앞에 선다고 상상하면 어색했지만, 수영이 무릎 근육에 좋다는 의사의 말에 결심 끝에 수영장에 등록했다. 그리고 마침내 나는 물 위에 떠올랐다. 물속에서 편안히 숨 쉬며 앞으로 나아가던 순간 느꼈던 기쁨을 말로 표현하기 어렵다. 누군가 내게 인생에서 가장 잘한 일 세 가지가 뭐냐고 묻는다면 그중 하나는 수영을 배운 일이라고 말하고 싶다.

수영을 시작한 지 육백 일이 지났다. 그동안의 여정을 글로 남기고 싶었다. 수영 기술을 알려주는 실용서가 아니라, 수영을 통해 배운 삶의 철학을 말하는 조금은 독특한 이야기로. 이 책은 그렇게 시작했다.
　수영장에서 겪고 배우고 느낀 바를 스토아 철학자들의 말과 연결 지어 생각해보았다. 내가 이 철학과 연결된 이유는 단순하면서도 심오하다. 윤회처럼 죽음 너머에 관심이 많았다. 사유의 시간이 쌓이며 얻은 큰 깨달음은 신이 각자 개성을 마음껏 펼치라며 인간을 만들었다는 것과 영혼 불멸이었다. 스토아 철학의 '에우다이모니아'를 흔히 '행복'이라 번역하지만, 본뜻은 '선한 영혼'이다. 선한 인간이 아닌 선한 영혼이 되겠다는 목표로 덕을 실천하라는 말이다. 영혼 불멸을 전제로 하는 이 말이 마음에 쑥 들어왔다. '위험 속에서 살라' '불행이 이득이 될 수 있다'는 이 철학의 핵심은 모든 건 괜찮아질 것이며, 그렇지 않다면 그것은 끝이 아니라는 것이다. 결국 모든 건 균형을 찾아간다는 가르침이 내가 깨달은 신의 계획과 일치했다. 그것이 위기에 처해 있던 내게 큰 위안을 주었다. 그때 처음 수영장을 찾았고, 그 낯섦 속에서 스토아 철학자들의 말을 떠올렸다. 주인에게 고문당해 절름발이가 된 에픽테토스, 폭군 네로 황제의 스승이었던 세네카, 무소불위의 힘을 가졌지만 늘 바르게 살기를 고민했던 황제이자 철학자 마르쿠스 아우렐리우스. 그들의 문장은 깊고도 단단했다.

> 지혜로운 사람은 기쁨이 부족하지 않은데, 이는 기쁨이 그의 미덕에서 나오기 때문이다.

세네카의 이 말을 처음 접했을 때, 나는 망치로 머리를 세게 한 대 맞은 사람처럼 탄식했다. '아-' 기쁨이 부족하고 불만이 가득해 늘 허우적거리던 내 삶의 실체를 깨닫게 한 결정적인 문장이었다.

수영은 곧 삶이다. 호흡을 익히는 것은 불안과 공포를 다루는 훈련이고, 자유형의 리듬은 삶의 균형과 조화를 닮았다. 플립턴(flip turn)은 벽을 두려워하지 않고 다시 방향을 전환하는 용기 그 자체였다. 수영장에 다니면서 순간순간 찾아오는 깨달음을 놓치지 않으려 마음속으로 되뇌었고, 물 밖으로 나오면 곧바로 메모했다.

유튜브에 올라온 수영 영상들의 엄청난 조회수를 보면서 수영 인구가 이렇게나 많다는 것을 처음 알았다. 이 책은 영상이 넘쳐나는 시대에 '글'로 수영을 이야기하고 싶다는 욕망에서 출발했다. 물을 무서워했던 사람이 수영을 배우면서 느낀 통쾌함을, 세상의 결에 무지했던 사람이 스토아 철학을 배우면서 느낀 희열을 소개하고 싶었다. 그로써 수영을 좋아하는 사람들에게 가볍지만 결코 가볍지 않은 삶의 지혜를, 철학을 좋아하는 이들에게 수영이라는 새로운 세계를, 인생의 파도 앞에 선 이들에게 작은 용기를 전함과 함께 방향을 제시해주고 싶었다.

　　세네카는 말했다.

> 우리가 두려워하는 것들 대부분은 실제로 해로운 것이 아니다. 단지 익숙하지 않을 뿐이다.

우리는 종종 두려움에 갇혀 가능성을 놓치곤 한다. 그러나 익숙하지 않은 세계에 일단 발을 내디디면, 두려움은 경이감과 성취감으로 바뀐다. 나에게 수영이 그랬다.

　　수영이 주는 통쾌함과 철학자들의 짧지만 깊이 있는 한마디를 통해 삶의 이치에 대한 이야기를 나누고자 한다. 이 책을 덮을 즈음에는 당신도 어느새 물에 몸을 싣고 스토아 철학에 마음을 맡기게 될지 모른다. 수영이 더 즐거워졌다면, 혹은 서점에서 스토아 철학 책을 찾아보게 되었다면, 이 책은 그 역할을 다한 것이라고 생각한다.

자, 이제 물속으로 풍덩! 그리고 스토아 철학의 심연으로 깊이 잠수해보자.

제1장

난생처음, 수영장

실내 수영장의

종종 어색하고 불편한 행동이 기분을 좋아지게 할 때가 있다. 오늘 새벽 5시 13분에 일어나, 태어나서 처음으로 수영장을 찾았다. 한겨울 새벽의 날카로운 추위 속에서 스스로 의문했다.

> '이렇게 추운 날 새벽부터 나는 뭘 하고 있는 걸까?'
> '왜 이런 고생을 사서 하게 되었지?'

수영장을 향해 가는 동안 머릿속에서 오만 가지 생각이 일어났다. 전부 반복되는 일상의 관성에서 벗어나지 않으려는 몸

아타락시아

부림이었다.

　내 평생 25미터 레인이 있는 실내 수영장은 처음이었다. 수영 강사는 말했다. "몸을 물 위로 띄울 거예요. 우선 숨을 마시고 물 위로 몸을 눕히세요. 삼 초 정도 숨을 참으시고요, 머리를 물속 깊이 담글수록 몸이 잘 떠요." 이 정도는 할 수 있었지만, 이어지는 음파 호흡법에서 길을 잃었다. "물속에서 '음' 하며 코로 천천히 숨을 내뱉고 물 밖에서 '파' 하며 숨을 마시세요." '파'는 마시는 게 아니고 내뱉는 소리 아닌가? 의구심이 생겼지만 질문하지는 못했다.

오십 분이 금방 지나갔다. 새벽 여섯 시 초급반 인원은 여덟 명. 그중 한 명은 직장이 멀어서 삼십 분만 수영하다 떠났고, 초급이 아니라 중급 이상의 실력을 가지고 있는 초등학생 여자아이는 혼자서 제 마음대로 돌아다니다가 강사로부터 지적을 받기도 했다.

수영을 마치고 샤워를 하며 주위 사람들을 관찰했다. 몸을 닦고 줄을 서서 차례대로 탈수기에 수영복과 수영모를 집어넣는 모습들을 보며 망설였다. '집에 가서 탈수할까?' 내 순서를 기다리고 서 있기가 어색했기 때문이다. 하지만 처음의 어색함과 불편함을 극복해야 한다는 생각에 아무렇지 않은 듯 행동하려 애썼다. 이 노력이 다음 날 나를 조금 더 편하게 만들 것이다.

탈의실에 들어서니 한 아저씨가 몸에 보습제를 바르고 있었다. 발뒤꿈치마저 사랑스럽다는 듯 정성스럽게 발라주는 모습이 좀 신선했다.

샤워를 마치고 수영장을 나왔을 때는 7시 12분이었다. 아직 어둠이 깔린 시간이었으나 마음은 밝았다. 오늘은 보람찬 하루가 될 것 같았다. 새벽에 품었던 찌뿌둥한 생각들은 모두 사라졌다. 말 그대로 천국. '내가 왜 이제야 수영을 시작했을까?'

> 천국은 멀리 있지 않다. 자신이 만들어가는 과정 속에 있다.

스토아 철학에서 말하는 내면의 평온 '아타락시아(Ataraxia)'가 바로 이것이리라.

'어제와 똑같이 생각하고 행동하면서 다른 결과를 기대하는 것은 어리석은 일이다'라는 유명한 말이 있다. 모든 것이 처음이라 어색하고 불편한 새벽 수영이야말로 이 말이 가르치는 바를 몸소 실천하는 시간이었다. 고요한 물속에서 숨을 참기란 무척 힘들다. 하지만 의도를 가지고 자신의 삶을 정제하는 행위는 모든 훈련의 시작이며, 불행에 맞서는 방법이다. 나에게는 수영이 삶을 정제하는 방법이 될 것 같았다. 물속에서는 다른 생각을 할 수 없다. 오로지 숨을 쉬어야 한다는 생각뿐이다. 수영이 빠른 속도로 내면의 평온에 도달하게 해주는 것은 아마도 이 때문일 것이다. 수영은 스토아 철학에서 말하는 '불편함을 견디며 내면의 평정을 찾는 과정'과 비슷하다.

오늘 수영장에서는 모든 게 어색했지만, 충족감을 느꼈다.

지금,

"발차기를 할 때는, 엄지발가락이 스치듯이 해보세요!"

수영 강습 이틀 차에 발차기를 배웠다. 핵심은 대퇴부가 축이 되어야 한다는 것. 즉 무릎이 아닌 허벅지를 위아래로 삼사십 센티미터 정도 움직이는 것이라고 했다. 엄지발가락이 스치듯 움직이라는 말은 두 발을 너무 벌리지 말고 모아서 움직일 때도 유선형이 되게 하라는 의미였다. 다행히 자세가 괜찮다는 칭찬을 들었다. 왼발이 구부러진다는 것만 빼고. 나는 칠 년 전 무릎 수술을 받았다. 수영을 시작하게 된 것도 사실 그즈음 무릎관절이 불편해 버스나 계단을 내려가기가 힘들어졌기 때문이었다. '수영은 누워서 하는 운동인데

행복하지 않다고

느낀다면

도 그게 드러나는구나.' 내심 놀랐지만 동시에 수영을 통해 이 문제를 극복할 수 있을 것이라는 희망도 생겼다.

이제 물 위에 떠오르는 것은 자연스러워졌다. 자유 수영을 빠지지 않으며 물에 익숙해졌기 때문이다. 그러나 여전히 호흡법은 완전 초보다. 강사가 물에서 숨 쉬는 법을 다시 알려주었다. 처음 물속에 얼굴이 들어갔을 때는 숨을 일이 초 정도 참았다가 '음-' 하며 물속에서 코로 천천히 숨을 내쉰다. 그리고 고개를 옆으로 돌려 '파-' 하며 숨을 들이마시기를 반복하라고 했다. 아, 물속에서도 지상에서처럼 자유로이 호흡할 수 있게 되는 날은 언제쯤일까?

아침 5시 25분에 일어나 수영장으로 향했고, 7시 9분이 되어 밖으로 나왔다. 로션 바른 얼굴이 번들거렸다. 거리를 오가는 사람들은 추운 날씨에 두꺼운 옷으로 몸을 꽁꽁 싸매고 있었지만, 나는 수영으로 몸이 더워져 오히려 옷을 풀어 헤쳤다. 어느 철학자의 말이 떠오른다. "행복하지 않다고 느끼는 사람은 한 시간 동안 뛰어 땀을 내고 샤워하라. 행복하지 않더라도 최소한 불행하지는 않을 것이다." 나는 수영을 통해 이 진리를 몸소 체험하고 있다.

"지혜로운 사람은 기쁨이 부족하지 않은데, 이는 기쁨이 그의 미덕에서 나오기 때문이다." 수영 후 펼친 책에서 세네카의 이 말을 만났다. 탄식이 나왔다. 내가 기쁨이 부족하고 늘 불만이 가득한 이유는 지혜가 부족해서구나! 우리가 육체와 정신을 갈고닦는 것은 결국 덕을 쌓기 위함이다. 덕이 쌓이면 자신과 주변을 돌아보게 된다. 나로 인해 주변이 행복해지기를 바라고, 나로 인해 주변이 불행해지는 것을 극도로 싫어하게 된다. 이 이타적인 마음이 자신을 둘러싸면 우울보다 기쁨이 우세해지는 것이다.

물과 사투하는 한 시간 동안, 나는 절대 불행하지 않다. 아니, 정확히 말해 불행을 느낄 틈이 없다. 지금 우울하다면 밖으로 나가 달려보면 어떨까? 아니면 눈앞에 있는 책을 펼쳐 들든지, 눈을 감고 지금 이 순간만을 인식하는 명상을 하든지. 새벽의 찬 공기와 수영장, 먼 옛날을 살았던 철학자의 한마디가 만나 오늘의 나를 훈련시킨다.

움직임

뒤에

뭔가를 이뤄낸 사람과 그러지 못한 사람의 결정적 차이는 무엇일까?

목표를 두고 달리다 보면 반드시 힘든 순간이 온다. 그럴 때 반응하는 유형은 크게 두 가지다. 멈춰 서서 울기만 하는 사람과 울면서도 꾸역꾸역 달려가는 사람. 아침에 수영장으로 출발하려는데 속이 불편했다. 빈속에 영양제를 먹었기 때문인지 자꾸만 메슥거렸다. '오늘 수영장에 가지 말까?'라는 생각도 들었지만, 나는 다행히 후자의 반응을 택했다.

오늘은 자유 수영. 출발은 언제나 잠수로 한다. 며칠 전 배운

행복이

있다

'음파 호흡'을 하고 물을 누르듯이 발차기하며 나아간다. 물론 중간에 멈춰야 한다. 아직 호흡이 자연스럽지 않고, 25미터를 한 번에 갈 체력도 못 되기 때문이다.

중간에 쉬었다가 다시 출발하려는데 상급 레인에서 수영하는 사람이 눈에 들어왔다. 그는 하나뿐인 다리로 물을 차며 접영으로 돌진하고 있었다.

레인 뒤편에는 그의 것으로 보이는 휠체어가 놓여 있었다. 그는 자유형, 배영, 접영 모두 자연스럽고 능숙하게 했다. 평영할 때 자유형 발차기를 하는 것만 빼면.

주인이 다리를 부러뜨려 평생 절뚝거리며 살았다는 스토아 철학자 에픽테토스는 말했다.

> 병이 몸의 장애를 일으킬 수는 있어도 마음의 장애가 될 수는 없습니다. 자신이 그것을 선택하지 않는 이상에는 말입니다. 다리를 저는 것은 몸의 장애일 뿐, 인간 의지의 장애가 되지는 못합니다. 만사를 이런 식으로 생각하면 어떤 어려움이 닥쳐도 마음 약해질 일이 없습니다.

세네카는 말했다. "인간의 경향은 훈련으로 극복하지 못할 정도로 확고하지는 않다." 우리는 우리가 생각하는 것보다 훨씬 강하다.

자유를 구하려면 훈련해야 한다. 자신을 통제하지 않는 사람은 다른 사람의 권위에 복종해야 한다. 두려움에 직면하는 것이 욕구 불만을 극복하고, 우리가 원하는 자기 이해와 탄력성, 인내력, 문제 해결 능력 등을 계발하는 것을 도와주는 단 하나의 방법일 때가 많다고, 스토아 철학은 말한다.

또 하나 명심할 것이 있다. 바로 움직임 뒤에 행복이 있다는 것이다. 수영을 마치고 보온병을 열었다. 비록 그날 아침 집에서 끓여 와 아직도 뜨거운 커피가 입천장에 닿는 바람에 깜짝 놀라긴 했지만, 여전히 내가 즐거이 외칠 수 있는 것은 수영이라는 움직임 때문이다.

'와, 시원하다. 와, 행복하다!'

처음으로

토요일은 강습이 없어 자유 수영을 갔다. 주말은 가족 단위로 찾는 방문객들이 많다. 유아풀에서는 아이들 웃음소리와 물장구치는 소리가 끊이지 않는다. 안전요원들도 이리저리 걸어 다니며 아이들을 예의주시한다.

한편 나는 고민에 빠져 있었다. '호흡만 어느 정도 되면 레인을 돌 수 있을 것 같은데….' 그래서 그동안 수영 호흡법 관련 영상을 열심히 찾아보았다. 걸어 다니면서 팔을 뻗어 돌리며 얼굴을 오른쪽으로 돌려 숨을 마시는 연습도 했다. 그러다 앞에서 오는 사람과 눈이 마주치면 좀 머쓱해하기도 했다.

물
먹은 날

 숨쉬기의 핵심은 다음과 같다. 얼굴을 물속에 넣고 숨을 잠시 참았다가, 얼굴을 오른쪽으로 돌리면서 코로 숨을 '음' 하고 내뱉는다. 이때까지는 얼굴이 물속에 있는 상태다. 그리고 얼굴이 물 밖으로 나오면 그때 입으로 '파' 하면서 숨을 들이마시는 것. 나는 처음에 자꾸만 '음파'에서 '파' 할 때 입으로 숨을 내쉬는 것이라는 생각이 들어 아주 헷갈렸다.

 그러다 마침내 오늘 물을 먹고 말았다. 수영을 처음 시작할 때부터 '언젠간 물을 먹을 텐데 괜찮을까?' 걱정하곤 했는데, 오늘 드디어 소독약 냄새 나는 물을 마신 것이다. 그래도 도착 지점 가까이 왔을 때라 다행이라고 할까. 순간 코가

찡하며 답답해져서 거기서부터는 캑캑거리며 걸었다. 최대한 빨리 걸어 몸을 물 밖으로 반쯤 끌어올렸다. 그러고는 엎드려서 마신 물을 뱉어내려 헛구역질을 했다. 지나가던 안전요원이 잠시 나를 쳐다보는 것 같았다.

나중에 양치할 때까지 입에서 소독약 냄새가 났다. 세네카는 '우리는 실제보다 상상 속에서 더 많은 고통을 받는다'고 말했는데, 수영장 물을 마시고 보니 옳은 말 같지가 않았다.

세네카는 '당신이 느끼지 않는 걸 극복하는 건 덕행이 아니다'라는 말도 했다. 이 말은 어려움을 인지하고 그것을 극복해야만 덕행이 된다는 의미다. 너무나 쉽게 무언가를 해내는 것은 진정한 덕행이 아니라는 말이다. 물속에서 숨 쉬는 법을 쉽게 터득하는 사람은 분명 재능이 있는 것이라 하겠다. 이는 좋은 것이지만, 덕행은 아니다. 덕행이 되려면 안 되는 숨쉬기를 힘든 훈련을 통해 극복해야만 하는 것이다. 스토아 철학에서 신체를 단련한다는 것은 단지 건강을 챙기거나 경쟁에서 이기기 위한 일이 아니었다. 그것은 덕을 기르기 위한 하나의 훈련이었고, 자제력과 용기, 인내를 삶 속에서 실제로 실천해보는 방법이었다.

무엇이든 계속해서 생각하고 실행해보면 빨리 늘 수밖에 없다. 이때 반드시 책상에 앉아야만 공부를 할 수 있고, 물속에 들어가야만 수영을 연습할 수 있는 것은 아니다. 그래서 나는 영상을 보고, 걸으면서 호흡 시뮬레이션을 한다. 종종 수영장 물을 마시기도 하면서, 그렇게 나의 덕행 하나를 쌓아가고 있다.

수영을

시작하고서

한겨울 아침 수영은 그리 달갑지 않다. 너무나 춥기 때문이다. 이런 날에는 수영장 물속으로 들어가는 것도 주저하게 되지만, 의외로 수영장 물은 그다지 차갑지 않다. 예전에 목욕탕에 다닐 때 손님들이 물 온도를 놓고 제각기 다른 불평을 늘어놓는 모습을 자주 봤다. 한 아저씨는 물이 차다며 뜨거운 물을 틀었는데, 잠시 후 다른 아저씨가 너무 뜨겁다며 찬물을 틀어 묘한 기싸움을 벌이는 식이다. 작은 목욕탕에서도 물 온도를 맞추기가 힘든데, 이렇게 큰 수영장에서 적당한 온도를 유지하기란 얼마나 까다로운 일일까?

달라진 것들

―――――――――

 오늘은 자유형 팔동작을 배웠다. 강사는 직접 시범을 보이며 팔을 저은 후, 입수할 때는 엄지손가락과 집게손가락을 먼저 물속에 넣으라고 했다. 손바닥을 45도로 약간 기울여 바깥쪽으로 향하게 하라는 것이다. 그러면 손바닥 전체를 입수시키는 것보다 저항이 적다고 했다. '와! 이런 세밀한 부분까지 신경 써야 하는구나!' 살짝 감탄했다. 강사는 이어서 '물을 잡는 동작'에 대해 설명했다. 손바닥으로 물을 끌어당기기 시작할 때 가장 먼저 해야 할 것은 손목을 아래로 꺾어 손바닥을 살짝 구부리는 것이다. 이것이 팔로 물을 잡는 동작의 시작이라고 했다.

또 강사는 말했다. "나중에 더 배우게 될 동작입니다만, 팔꿈치를 기역자 모양으로 벌리는 하이엘보 자세를 만들어야 해요. 그 상태에서 물을 강하게 끌어당겨 손바닥이 허벅지까지 닿게 하는데, 이때 추진력이 만들어집니다. 팔을 물 밖으로 뺄 때는 엄지손가락이 허벅지를 스치도록 하며, 팔을 최대한 몸에 붙여야 저항이 줄어요." 손바닥으로 물을 잡는 감각을 키우기 위해 주먹을 쥔 상태로 물을 끌어당겨보고 다시 손바닥을 펴서 시도해보는 훈련법도 있었다. 직접 해보니 확실히 달랐다.

수영을 시작하면서 나에게 일어난 변화가 꽤 있다. 일단 수영 일정을 중심으로 하루를 계획한다는 것이다. 내일 새벽에 강습이 있으면 오늘 저녁은 자유 수영을 하지 않는다. 근육도 충분히 쉴 시간이 필요하다며 마치 고강도 훈련을 소화하는 선수처럼 스스로를 관리한다.

또 하나 달라진 점은 샤워 도중 귀에 물이 들어가도 예전만큼 답답해하지 않는다는 것이다. 귀에 물이 들어가면 고개를 옆으로 살짝 돌려 머리를 흔든다. 대개는 이로써 쉽게 해결되지만, 혹시 바로 물이 빠지지 않더라도 조바심 내지 않는다. 시간이 지나면 자연스레 해결된다는 사실을 알기 때문이다. 이것이 내게는 수영을 하면서 얻은 큰 수확이었다.

수영장에 다니기 시작하고 이십여 일이 지나면서는 수영 용품들에 눈이 가기 시작했다. 현재 사용하는 수영 가방은 다소 작다. 샴푸, 비누, 칫솔, 치약, 바디클렌저, 수건 등을 겨우겨우 넣다 보니 불편하다. 그러다 보니 어느새 잠깐 시간이 날 때면 수영 가방을 알아보고 있는 나를 발견하게 된다. 이것이 나의 소소한 행복이다. 소박한 것을 즐기는 능력을 잃어버리면 좋은 삶을 살 가능성이 줄어든다. 세네카는 그 이유를 이렇게 이야기한다.

> 쾌락으로 몸과 마음이 부패하면, 더 이상 아무것도 견딜 수 없다. 그건 고통이 강해서가 아니라 사람이 약하기 때문이다.

확실히 행복은 얻을 때보다 그것을 추구할 때가 더 좋아 보인다.

편안함 속에서는 변화를 이룰 수 없다고 말하는 사람들이 있다. 하지만 나의 경우 아직까지는 수영을 통해 편안함 속에서 변화를 만들고 있다.

습식

수건이라는

새로운 취미를 시작하는 즐거움 중 하나는 필요한 용품을 고르는 일이다. 수영은 수영복, 수경, 수영모만 있으면 되어 간편하다. 실내 수영장은 몸에 딱 달라붙는 수영복을 기준으로 한다. 해변에서 입는 트렁크형 수영복은 허용되지 않았다.

처음부터 필요한 모든 물품을 바로 구입하고 싶지는 않았다. 일단 수영장에서 강습을 몇 번 받고 강사나 주변 사람들의 이야기를 들어보고 싶었다. 잘못 구입했다가 다시 사는 번거로움을 피하기 위해서였다. 그래서 우선 수영복만 사고 수영모와 수경은 아내가 젊었을 때 사용하던 것을 임시로 쓰기로 했다. 이십여 년 전에 산 물건이 아직도 집에 남아 있을

신문물

뿐 아니라 여전히 꽤 쓸 만하다는 사실에 놀랐다. (아레나 제품이라 그런가?)

며칠 동안 샤워실과 탈의실에서 다른 사람들이 무슨 물건을 쓰는지 유심히 관찰했다. 그리고 수경은 도수가 있는 것으로(나는 시력이 나쁘기 때문에), 수영모는 실리콘 대신 통기성 좋은 메쉬 재질로 주문했다. 수영 가방은 반짝이는 에나멜 소재에 방수가 되는 것으로 주문했지만, 앞서도 말했듯 크기가 작아 매번 필요한 물건들을 꾸역꾸역 밀어넣는 느낌이었다. 수영 가방은 약간 크게 사는 편이 좋은 것 같다.

수영 가방이 있다 해도 매번 모든 용품을 가지고 다니기는 불편하니 수영장 사물함을 이용하기로 했다. 사물함을 쓰니 사실 수영 가방의 종류는 중요하지 않았다. 샴푸와 비누 등을 넉넉히 담을 수 있고 물이 잘 빠지는 플라스틱 바구니가 오히려 훨씬 실용적이었다.

문제는 수건이었다. 젖은 수건을 비좁은 사물함에 넣어두면, 마르지 않아 다음 날까지 축축했을 뿐 아니라 냄새도 났다. 결국 수영이 끝나면 매번 축축한 수건을 비닐봉지에 넣어 집으로 가져와 빨아 말리는 수고를 감수해야 했다. 사물함의 장점인 편리성은 수건으로 인해 빛을 발하지 못했다.

그러던 어느 날, 샤워장에서 한 분이 신기한 수건을 사용하는 모습이 눈길을 사로잡았다. 그는 몸을 닦은 후 수건을 물에 헹구고 짜서 돌돌 말아 작은 통에 넣었다. 그것이 바로 '습식 수건'이라는 물건이었다. 젖은 상태로 보관할 수 있고, 다음 날에도 간단히 헹구어 짜내고 나면 재사용할 수 있어 획기적이었다. 습식 수건은 내게 있어 축축한 수건을 들고 다녀야 하는 번거로움을 단번에 해결해준, 작지만 혁신적인 신문물이었다.

스토아 철학자들은 신기한 것을 발견했을 때, 자연의 질서와 이성의 일부분으로 이해하려 했다. 그들은 감정적으로 과잉 반응하는 것을 피하고 차분히 대응하려 했다. 모든 일은 필연적인 원인과 결과의 연쇄반응이라 믿었고, 그래서 숙명으로 받아들였다. 기쁨이 발생하면 그것을 충분히 즐기고, 슬픔이 발생해도 피하지 않고 차분히 받아들였다.

에픽테토스는 말했다.

> 외부 사건들은 우리를 괴롭히지 않는다. 그것들에 대한 우리의 판단이 우리를 괴롭히는 것이다.

또한 세네카는 말했다.

> 불행은 우리를 시험하지 않는다. 오히려 우리의 반응이 우리를 시험한다.

어떤 상황에서도 놀라움보다 침착함을, 들뜸보다 평온을 유지하며, 발생한 사건에 좋다거나 싫다는 자신의 감정을 투영하지 말고, 그 사실만을 있는 그대로 수용하라는 메시지다.

이렇게 쓰다 보니 나는 습식 수건을 발견한 순간 스토아 철학과는 배치되는 과잉 반응을 했던 것 같기도 하다. 하지만 그 과잉 반응 덕분에 이렇게 글까지 쓰고 있으니 꼭 나쁜 것만은 아닐지 모른다.

제2장

처음엔 누구나 허우적거린다

우연히

지혜로워지는

수영 강습 일곱 번째 날. 아침 여섯 시 강습반에는 대략 열두 명이 등록되어 있지만, 오늘 출석한 사람은 나를 포함해 단 세 명뿐이다. 강사는 익숙한 일이라는 듯이 출석을 부르고, 킥판을 건네며 발차기만으로 25미터 레인을 왕복하라고 지시했다. 이어서 부력 조끼를 착용하고 팔 동작과 호흡을 병행하며 레인을 돌도록 했다.

몇 번을 돌고 나니 지쳐버렸다. 돌아오는 길에는 자세가 흐트러져 허우적대는 느낌마저 들었다. 이렇게 십오 분쯤 지나니 숨이 턱끝까지 차오른다. 문득 이런 생각이 들었다. '이 나이에 수영 선수를 할 것도 아닌데, 이렇게까지 힘들게 해

사람은 없다

야 하나?' 그 순간 강사의 말이 귓가를 울린다. "자자, 강민 회원님 참아요. 멈추지 말아요. 조금만 더 가면 돼요." 나는 다시 숨을 참으며 발차기와 팔 동작을 반복했다.

처음 수영을 배울 때, 나는 수영이 걷기 운동과 비슷할 거라고 생각했다. 호흡만 제대로 익히면 몇 시간도 거뜬히 할 수 있을 것이라 여겼다. 그러나 아무리 천천히 움직인다 해도 수영은 걷기가 될 수 없었다. 물의 저항을 이겨내며 팔을 젓고 발차기를 하고, 숨을 쉬려면 억지로 고개를 돌려야 했다. 수영은 마치 지구력과 인내심을 요구하는 1,000미터 달리기와도 같았다. 결코 만만한 운동이 아니었다.

혼자 수영할 때보다 강사가 이끄는 강습 시간이 훨씬 더 힘들다. 흔히들 남이 시키는 일을 억지로 하면 효율이 떨어져서 좋지 않다고 말하지만, 깊이 들여다보면 강사가 참견하고 지시하기 때문에 억지로라도 더 버티게 되는 것 같다. 한계를 넘어야 하는 순간에, 고비를 넘겨야 할 때에, 숨이 턱끝까지 차오르고 죽을 것 같은 느낌이 들 때에 곁에 누군가가 있으면 조금 더 힘낼 수 있다. 나를 지켜보는 이들을 실망시키고 싶지 않기 때문이다.

스토아 철학은 스승과의 관계를 매우 중시했다. 그들은 스승, 선배, 멘토가 개인의 성장과 도덕적·철학적 발달에 필수적이라고 보았다. 에픽테토스는 인간이 스승 없이 스스로 성장할 수 없으며, 자기 자신을 이기기 위해서는 반드시 타인의 지혜를 배워야 한다고 강조했다. 세네카 역시 현명한 사람의 말과 행동을 본받아야 하며, 모범으로 삼을 만한 스승이 있어야 한다고 역설했다. 또 현명한 친구와 함께 시간을 보내는 것이 가장 큰 축복이라고 할 만큼 좋은 동반자의 중요성을 설파했다.

스승이나 멘토의 존재는 필수적이다. 그들의 역할은 단순히 노하우를 전달하는 것에 그치지 않는다. 진정한 스승은 제자가 지속할 수 있도록 동기를 부여하고, 고비마다 버틸 힘을 북돋아준다. 하지만 그렇다 하더라도 지속하지 못하는 이유를 단순히 '스승의 부재'로 돌릴 수는 없다. 때로는 자신이 삶에서 진정으로 추구해야 할 미션을 만나지 못했거나, 의지와 체력이 부족해서 실패할 수도 있다. 성공할 수 있는 의지와 체력은 결국 버티고 지속하는 과정 속에서 길러진다. 별다른 비법이란 없다.

우연히 지혜로워지는 사람은 없다. 세네카의 말처럼 우리는 살아가면서 배우고, 배우면서 살아간다. 삶이 멈추면 배움도 멈추고, 배움이 멈추면 삶도 정지한다.

샤워를 마치고, 너무 힘들어 2층에 있는 의자에 앉아 일곱 시 강습에 참여하는 사람들을 물끄러미 바라봤다. 그들도 레인을 돌아올 때마다 힘겨운 기색이 역력했다. 강사는 같은 말을 반복했다. "자자, 참아요. 멈추지 말아요." 아마도 우리 삶의 모든 영역에 해당하는 말일 것이다.

힘을

빼려면

오늘은 처음으로 밤 아홉 시 마지막 타임에 자유 수영을 갔다. 익숙한 수영장이지만 생소한 시간대라 그런지 어딘가 공기가 낯설고 새롭게 느껴졌다. 그런데 뜻밖에도 우리 반 강사가 그곳에 있었다. 늘 새벽에만 보았던 얼굴을 늦은 밤에 마주하니 왠지 반가웠다. 낯선 시간에 익숙한 사람이 있다는 것만으로도 안도감이 들었다.

어제 배운 자유형 동작을 하나하나 분리해 연습하고 있는데, 강사가 멀리서 나를 지켜보다가 다가와 조언을 건넸다. "너무 급하게 하시네요. 동작마다 여유를 가져보세요. 억지로라도 천천히 하려고 해보세요." 그러면서 동작을 다시

힘을

길러야 한다

단계별로 차근차근 설명해주었다. 특히 여유를 가져야 하는 부분도 강조해주었다.

- 두 팔을 뻗고 얼굴을 물속에 넣어 몸을 물 위에 띄운다.
- 뻗은 왼팔을 저어 물을 끌어당긴다.
- 물을 끌어당긴 왼팔을 다시 귀 옆에 붙이고 뻗는다. 이때 2초간 머문다. (여유)
- 오른팔로 물을 끌어당기며 고개를 오른쪽으로 돌려 숨을 들이쉰다.
- 고개를 물속에 넣는 동시에 오른팔을 귀 옆에 붙이고

처음 자세로 돌아가 두 팔을 뻗고 2초간 머문다. (여유)

몸에 힘이 지나치게 많이 들어간다는 말도 했다. 동작을 급하게 하니 몸이 경직되는 것이라며. 익히 들어왔던 "힘을 빼라"는 주문이 떠올랐다. 스포츠나 예술 분야에서 이 말은 진리처럼 통용된다. 그러나 나는 늘 이 말에 반론을 제기하고 싶었다. 힘을 빼기 위해선 먼저 힘을 길러야 한다. 초보자가 힘을 빼고 천천히 동작하면 수영이 아니라 물에 떠 있는 연습만 하는 셈이다. 골프에서도 힘을 빼고 천천히 스윙하면 거리가 나오지 않는다. 결국 어느 정도 근육과 힘이 있어야 이 주문도 의미를 갖는 것이다.

처음에는 수영에 필요한 근력을 길러야 한다. 그 과정에서 약간은 무리하게 힘을 주는 바람에 근육통도 겪어봐야 한다. 그렇게 기른 힘이 쌓인 후에야 비로소 힘을 빼고 여유를 찾을 수 있다. 여유란 통제할 수 있다는 자신감에서 비롯된다. 팔 동작, 숨쉬기, 발차기가 익숙해져 이것들을 통제할 수 있어야 수영에 여유가 생긴다.

스토아 철학은 감정을 통제하고 내적 평정을 유지하는 것을 최우선 덕목으로 삼는다. 에픽테토스는 통제할 수 없는 외부 사건을 걱정하지 말고 자신의 의지와 선택에 집중하라고 강조했다. 세네카는 시간을 가장 소중한 자산으로 여겼기에 조급함을 경계했다. 조급하면 소중한 시간을 낭비할 뿐 아니라 마음을 혼란에 빠뜨리고 올바른 판단을 방해하게 된다고 경고했다. 마르쿠스 아우렐리우스는 "자연은 서두르지 않는다. 모든 것은 제때 이루어진다"며 자연의 흐름을 따르고 현재에 집중할 것을 역설했다.

마음이 평온해질수록 우리는 자신의 진정한 힘에 더 가까워진다. 아우렐리우스는 미덕을 따르는 행동이 평온을 가져온다고 말한다. 미덕이란 양심을 따르는 행동이다. 옳음에 대한 자명한 확신이 우리에게 내적 평화를 안겨준다. 스토아 철학은 선한 양심이 없는 평온은 없다고 단언하며, 평온하지 않은 상태는 탐욕·분노·어리석음에 빠져 있는 상태와 다름없다고 경고한다.

많은 사람들이 외부의 모든 문제가 해결되면 심리적 평온에 이를 수 있다고 생각하지만, 착각이다. 삶의 문제는 끊임없이 나타나고 사라지기를 반복하기 때문이다. 따라서 삶의 목표는 모든 문제를 제거하는 것이 아니라, 문제 속에서도 양심에 따라 행동하고 평온한 마음을 유지하는 데 있다.

수영에서 여유를 찾아가는 과정은 스토아 철학이 추구

하는 내적 평정을 얻는 여정과 닮았다. 여유란 두렵지 않을 때에 비로소 가능해지는 것이다. 수영이든 삶이든 마찬가지다. 우리는 평생 살며 두려움을 극복하는 방법을 배우는 것이다. 힘을 기르고 내적 평온을 유지하며 끊임없이 도전하는 것, 그리고 그 과정 속에서 실패하든 성공하든 이를 온전히 받아들이고 누리는 것. 그것이야말로 우리가 추구해야 할 삶의 태도다.

통제할 수 있는 일에

최선을 다하기

토요일 오후의 수영장은 언제나 붐빈다. 내가 다니는 수영장은 청소년, 초급, 중급, 연수, 고급, 장년으로 레인이 나뉘어 있다. 나처럼 완전 초보자는 청소년 레인부터 시작한다. 여기서는 초등학생, 중학생들과 한데 섞여 수영을 한다. 25미터를 한 번에 완주하는 사람보다 중간에 쉬는 사람이 더 많다. 요즘 내 마음속을 지배하는 생각은 단 하나, '아, 빨리 저 초급 레인으로 가고 싶다.'

아이들과 함께 수영하는 이곳에서 벗어나 초급 레인으로 옮겨가고 싶다는 열망이 점점 커진다. 초급 레인에 있는 사람들은 최소한 고개를 돌려 호흡할 줄 아는 사람들이다.

초급자라지만 나에게는 그들이 '호흡'이라는 벽을 넘은 대단한 사람들로 보였다. 그런 그들을 보며 나도 언젠가 저기서 수영할 수 있으리라는 희망을 품어보았다. 그리고 오늘도 제자리에서 얼굴을 물속에 넣고 고개를 돌리며 호흡법 연습하기를 반복한다. 그러나 옆 레인에서 물결이 들이쳐 또 물을 먹고 말았다.

오늘은 물과 더 친해지고 싶어서 수영장 바닥에 잠수해 손으로 바닥을 만져보았다. 또 발차기하는 내 발의 형태를 보고 싶어 물속에서 고개를 깊숙이 숙여 내 발의 움직임을 살폈다. 그 순간 신기하게도 깊은 바다에 잠긴 듯한 느낌이 들었다. 물속에서의 시야와 감각은 마치 또 다른 세계에 들어선 것처럼 새롭고 낯설었다.

다시 심기일전하여 호흡을 시도했다. 강사가 말한 대로 오른팔을 저을 때 오른쪽 어깨를 조금 더 들고 몸을 세로로 세운다는 느낌으로 돌렸다. 그러자 신기하게도 숨을 들이마실 수 있었다. 입이 물 밖에 조금 더 오래 머물렀기 때문인 듯했다. 이 순간의 감각을 잊지 않기 위해 몇 번이고 반복 연습했지만, 결국 다시 물을 먹고 말았다. 호흡은 그렇게 쉬운 일이 아니었다.

수영장을 나오기 전, 발차기만으로 레인 두 바퀴를 돌았다. 숨이 턱밑까지 차올랐고 허벅지도 뻐근했다. 심장이 터질 것 같은 고통이 밀려왔지만, 그 순간이 지나니 묘한 만족감이 찾아왔다. 고통의 시간을 지나야 뭔가 나아진다는 세상의 원리가 수영장에서도 그대로 적용되었다. 호흡이 잘되지 않는 데서 오는 스트레스를 심장과 허벅지를 한계까지 밀어붙이는 운동으로 해소한 하루였다. 처음에는 아픈 무릎에 부담을 주지 않으면서 건강도 챙길 수 있는 운동이라고 가볍게 생각하며 시작했는데, 이제는 수영을 좀 잘하고 싶다.

스토아 철학은 결과가 아닌 행동의 의도에 집중하라고 말한다. 에픽테토스는 처음 행동은 통제할 수 있지만 그 끝은 행운의 여신이 결정한다고 강조했다. 최선을 다하되 결과에 연연하지 않는 삶. 인간이 통제할 수 있는 것은 오로지 '인식'과 '행동'뿐이며, 그 외의 것은 통제할 수 없다. 인간의 불만은 통제할 수 없는 것에서 만족을 찾으려는 데서 비롯된다.

우리는 무엇을 먹고 얼마나 움직일 것인가를 선택할 수 있지만, 질병이나 사고를 완전히 피할 수는 없다. 통제할 수 없는 것에 집착하면 불안과 좌절만이 따라올 뿐이다. 현자들은 큰 키를 선호하지만 작은 키를 경멸하지 않으며, 건강하길 바라지만 건강이 나빠져도 견뎌낸다. 세네카의 이 말은 통제할 수 있는 것과 없는 것을 구별하고, 할 수 있는 것에 최선을 다하며, 할 수 없는 것은 담담히 받아들이라는 의미다.

삶은 우리가 통제할 수 있는 것들에 대한 우리의 태도와 행동으로 이루어진다. 나는 물에서 호흡하는 법을 익히기 위해 내가 할 수 있는 의도와 행동에 최선을 다하고 있다. 결과는 행운의 여신에게 맡기고.

장애물과 동행할

결심

오늘 나는 킥판 없이 25미터를 한 번에 헤엄쳤다. 어설프게 두어 번 숨을 고르고 거의 숨을 참은 채였지만, 끝까지 도달했다. 도착하자마자 입을 벌려 거칠게 숨을 몰아쉬었다. 마치 생존을 확인하는 듯한 기분이었다. 문득 어떤 일본 작가의 말이 떠올랐다.

생각하는 것은 숨을 참는 것만큼 어렵다.

그만큼 생각하기란 어렵다는 말인데, 흐릿한 물속에서 시야가 가리고, 귀에 물이 들어가 멍해지고, 숨이 턱밑까지 차오르는 순간에 숨을 참는다는 것은 단순한 은유를 넘어 본능적 두려움 그 자체다. 생각하지 않는다고 당장 죽는 건 아니지만, 숨을 쉬지 못하면 정말로 죽을 수도 있으니까.

한 달 전 처음 수영장에 왔을 때와 비교하면 모든 면에서 일취월장했다. 발차기, 팔 동작이 한층 자연스러워졌고, 귀에 물이 들어가도 당황하지 않는다. 이제 수영장 구석구석이 익숙해졌다. 체력도 좋아지고, 물속에서의 자신감도 쌓였다. 그러나 호흡법에서 난항을 겪으며 나름 운동신경이 괜찮다고 자부해왔던 자존심에 작은 균열이 생긴 것도 사실이다.

그래도 호흡을 제대로 익히기 위해 수영 유튜브 채널을 다섯 개 이상 구독하고 강의 영상을 반복해서 보고 있다. 각 채널마다 설명이 조금씩 다르지만, 공통적으로 강조하는 몇 가지가 있다.

첫째, 얼굴을 물속에 넣자마자 곧바로 '음' 하고 코로 숨을 내뱉는 것이 아니다. 잠깐 참았다가 뱉어야 한다. 둘째, 물속에서 숨을 백 퍼센트 다 뱉어버리면 몸속에 남은 공기가 없어 숨을 다급하게 들이마시게 된다. 약 오십 퍼센트만 뱉고 나머지 이십 퍼센트는 얼굴을 돌려 공기 중에서 뱉는다. 마지막 삼십 퍼센트의 공기는 가슴에 늘 남겨둬야 몸이 물에 잘 뜬다. 숨을 모두 내뱉고 나면 몸이 쉽게 가라앉는다.

요약하자면,

얼굴을 물속에 넣고 잠시 멈춘 뒤 '음' 하고

숨을 오십 퍼센트 정도만 내뱉는다.

얼굴을 돌려 공기 중에서 나머지 이십 퍼센트를 내뱉고,

들숨으로 칠십 퍼센트 정도를 들이마신다.

가슴에는 항상 삼십 퍼센트 정도의 공기를 남겨둔다.

또 한 유튜버는 덧붙였다. "호흡법이 아무리 완벽해도 그것만으로 오래 수영할 수 있는 건 아닙니다." 그는 1,000미터 달리기를 예로 들어 설명했다. 우리가 1,000미터 달리기를 힘들어하는 이유는 호흡법을 몰라서가 아니라 폐활량이 부족하기 때문이다. 결국 강도 높은 운동을 지속적으로 해야만 수영에서도 오래 버틸 수 있다는 것이다.

이 이론을 숙지한 후 물속에서 실전에 옮겨보았다. 하지만 아는 것과 실행하는 것은 전혀 다른 문제였다. 다만 이론을 정확히 이해하고 나니 내가 어디에서 잘하고, 어디에서 잘못하고 있는지를 스스로 점검할 수 있었다.

마르쿠스 아우렐리우스는 말한다.

행동을 방해하는 것이 오히려 행동을 앞당기고, 길을 가

> 가로막는 장애물이 곧 길이 된다.

그는 장애물을 극복해야 한다고 말했지만, 나는 여기에 한 가지를 덧붙이고 싶다. 장애물을 극복하거나, 아니면 그것과 동행할 결심을 해야 비로소 길이 열린다는 것이다.

오늘 오전 법륜스님의 강연에서 "인생에 가볍게 다가가야 한다. 너무 무겁게 접근하면 안 된다. 최선을 다하되 집착하지 말라"는 말을 들었다. 최선을 다하고도 집착하지 말라는 말이 처음에는 모순처럼 느껴졌지만, 이렇게 해석하며 마음을 다잡았다. 내가 지금 익히고 있는 수영의 호흡법에 최선을 다하되, 오늘의 결과에 집착하지 않고 가볍게 받아들이겠다고. 그리고 내일 또다시 최선을 다하고, 내일 맞이할 결과 또한 담담하게 수용하겠다고.

비록 지금은 숨을 참고 물을 먹으며 헤매고 있지만, 지속하기만 하면 언젠가 내 수영에서 호흡이 전혀 문제되지 않을 날이 올 것이다. 그날의 자유를 떠올리며 오늘도 물속으로 풍덩 뛰어들었다.

드디어

자유형 호흡에 성공하다

이백 킬로미터 넘게 운전해 피곤한 날이었다. 그래도 돌아오니 밤 아홉 시 마지막 타임 자유 수영에는 갈 수 있을 것 같았다. 잠깐 망설였지만 마침 오늘이 수영을 시작한 지 딱 한 달째 되는 날이었다. 내일부터 수영장이 나흘간 연휴에 들어간다는 사실도 나를 움직였다.

    수심이 얕은 어린이 풀에서 손으로 바닥을 짚고 호흡을 연습했다. "음… 파!" 물속에서 몸을 돌려보기도 하고 뒤로 누워보기도 했다. 그러다 아차 하는 순간에 코로 물이 쑥 들어왔다. 그 즉시 벌떡 일어나 물을 뱉어내려 켁켁거리는데, 여섯 살 정도 되어 보이는 꼬마가 옆에서 나를 빤히 쳐다보고 있었다.

"몇 살이야? 아빠는 어디 있어?"

먼저 그렇게 말을 건 것은 창피한 상황을 모면하려는 궁여지책이었다. 아이는 멀리 중급 레인에서 수영하고 있는 자기 아빠를 손으로 가리키며 말했다.

"나는 아저씨보다 더 빨리 갈 수 있어요!"

그러곤 물에 풍덩 뛰어드니, 힘찬 발차기에 물이 튀어 얼굴을 때렸다. 어린아이 눈에도 내가 완전 초보자로 보였던 것이다.

'물속에서 배영 자세로 누울 때는 반드시 코로 작게 숨을 내쉬어야 한다. 그래야 물이 들어오지 않는다.' 다시 물속으로 들어가 숨을 내뱉으며 배영 자세로 누웠다. 물속에서 바라보는 수영장 천장은 어른거린다. 드라마나 영화에서는 물에 빠진 사람의 눈으로 보는 하늘을 꼭 이런 식으로 연출한다.

어느덧 사십 분이 지나갔다. 남은 십 분 동안은 마무리 운동을 하려고 청소년 레인으로 옮겨 자유형을 시도했다. 그런데 이게 웬일인가? 호흡이 살짝 수월한 느낌이었다. 곧바로 쉬지 않고 25미터를 갔다. 고개를 돌려 호흡하면서! 거듭 말하지만, 운전하려면 운전면허증이 필요하듯이 수영을 하려면 호흡법을 알아야 한다. 내게는 이 순간이 마치 운전면허증을 처음 취득했을 때처럼 기뻤다. 이 느낌을 잊지 않기 위해 몇 분 남지 않은 마감 시간까지 계속 연습했다. 그토록 바라 마지않던 초급 레인으로 옮겨 수영해보기도 했다.

오늘 갑자기 호흡에 성공한 이유는 무엇일까? 찬찬히 생각해보니 발차기를 힘차게 했기 때문인 것 같다. 그 덕분에 몸이 물 위로 좀 더 떠올라 더 여유 있게 고개를 돌릴 수 있었던 것이다.

처음 수영에 입문한 동기는 물 위를 떠서 가고 싶다는 어린 시절의 로망을 실현하고 무릎 근육을 강화하기 위해서였다. 그런데 시간이 갈수록 수영을 잘하고 싶다는 마음이 강해졌다. 발차기나 팔 동작은 쉽게 익혔다. 하지만 호흡만큼은 전혀 나아지지 않는 것처럼 느껴졌다. '운동신경이 꽤 괜찮은 편인데 수영엔 소질이 없나?'라는 생각까지 들 정도였다.

열심히 하고 있는데도 나아지지 않는 것처럼 느껴질 때가 있다. 우리가 그리는 완벽한 모습과 실제 모습이 일치하지 않기 때문이다. 하지만 그런 순간에도 우리는 발전하고 있다. 아주 조금씩 나아지고 있기에 인식하지 못할 뿐이다. 그러다 어느 순간이 되면 오랜만에 보는 친척의 갓난아이처럼 훌쩍 성장한 모습을 발견하게 된다.

시간과 에너지를 계속 투입하여 꾸준히 우상향하는 성장곡선을 자세히 들여다보면, 상승했다가 하강하고 다시 상승하는 양상이 끊임없이 반복되어왔음을 볼 수 있다. 결국 그 모든 과정 속에서 평균값은 계속 올라가고 있는 것이다. 우리는 두려워한다. '씨를 뿌렸는데 열매를 맺지 못하면 어떡하지? 그러면 너무 억울하잖아.' 하지만 두려움 속에서도 씨앗은 계속 자라고 있다는 사실을 잊지 말자. 정체되거나 후퇴한 듯한 느낌이 드는 것은 자연스러운 일이다. 그러니 그런 느낌을 받을 때는 오히려 기뻐하면 된다. 이는 씨를 뿌리는 자만이 느낄 수 있는 것이기 때문이다. 우리가 신경 써야 할 것은 씨를 뿌리는 행위 그 자체뿐이다.

"난 난파선 덕분에 아주 호사스러운 여행을 했다." 스토아 철학의 창시자 제논은 무역상이었다. 그러던 어느 날 배가 난파되어 모든 재산을 잃었지만, 그로 인해 철학자의 삶을 살게 되었다며 한 말이다. 내가 오늘 호흡에 성공했다는 사실이 더더욱 기쁜 것은 앞서 많은 호흡 시도에서 실패했기 때문이다. 난 이 호흡법으로 수많은 시행착오를 겪은 덕분에 수영이라는 호사를 평생 누릴 수 있게 되었다.

> 당신이 원하는 대로 사건이 벌어지길 기대하지 말고, 있는 그대로 일어나기를 바라라. 그러면 인생이 순조롭게 흘러갈 것이다.

에픽테토스의 말이다. 여기서 '있는 그대로'란 발생한 사건에 자신의 감정과 판단을 섞지 않고 그대로 받아들이는 수용의 자세를 말하는 것이다. 또 결과를 기다릴 때 자신이 뿌린 원인만큼만 바라라는 말이기도 하다. 100만큼 노력했는데 150을 받았다면 결국 50을 돌려주게 되어 있고, 100만큼 했는데 지금 50을 받았다면 결국 50을 더 받게 된다는 인과법이 숨어 있는 것이다.

기쁜 마음으로 집에 돌아와 오늘 성취의 여운을 느끼며 검색창에 '보통 사람들이 자유형 호흡법을 익히는 기간은?'이라는 쓸데없는 질문을 던졌다. 한 달이라고 하는 사람도 있었고, 석 달이라는 사람도 있었다. 어쨌든 나도 이제 자유형 호흡을 할 수 있는 어엿한 '초보 수영인'이 되었다.

의도하는

삶과

오늘 수영장은 새로 등록한 수강생들로 북적인다. 낯선 얼굴들 속에서 전달부터 함께 해온 익숙한 사람들이 눈에 들어왔고, 더 반가운 마음이 들었다. 이제는 킥판이나 부력 조끼를 착용하고 수영하는 게 자연스럽지만, 얼마 전만 해도 이마저 쉽지 않았다. 특히 발차기는 단순한 동작 같지만, 그 안에 수영의 기본이 담겨 있다.

강사는 말했다. "무릎을 약간 굽혀야 힘이 빠지고, 골반을 중심으로 자연스럽게 움직이는 발차기가 나옵니다. 하지만 초보자들은 힘이 잔뜩 들어가서 물을 축구공처럼 차곤 하죠. 그럴 땐 물을 발등으로 누른다고 생각하세요. 그러면 추

무의식적인 삶

진력도 생기고, 동작도 훨씬 부드러워집니다."

그날 이후로 발차기를 할 때마다 '발등으로 누르는 감각'을 의식하며 연습했다. 작은 변화였지만, 추진력이 확실히 달라지는 것을 느낄 수 있었다.

수영 유튜브 채널에서 보았던 짧은 영상도 기억에 남는다. 팔 동작의 핵심은 물을 끌어당기기 전에 손바닥을 살짝 꺾는 '물잡기'에 있다는 것이었다. 이 미세한 움직임은 0.1초도 걸리지 않지만, 손바닥을 꺾음으로써 물의 표면부터 끌어당기지 않아도 되기에 저항이 줄어 팔에도 힘이 덜 들어간다. 진짜 힘을 써야 하는 건 손바닥이 가슴 앞에 왔을 때부터

였다. 물을 힘차게 밀어내며 엄지손가락이 허벅지에 닿을 때까지 밀어내는 감각. 순식간에 수영 자세가 한층 더 우아하고 강력해지는 기분이었다.

결국 손바닥을 꺾는 이 작은 움직임은 단순 예비 동작이 아니라, 몸과 마음에 '준비하라'는 신호를 보내는 과정이었다. 이 의도적인 움직임 하나가 힘을 효율적으로 쓰게 하고, 멋진 수영 자세도 만들어주었다.

뇌 과학자들에 따르면, 단지 결심하고 의도하는 것만으로도 뇌는 변화하기 시작한다. 의도가 뇌에 신호를 보내 실행력을 만들어내는 것이다. 그래서 많은 책과 강연이 강조한다.

의도하는 삶을 살아라.

본능에 따라 사는 대신 계획적으로 살며 인간으로서 마땅히 해야 할 일을 생각하라는 뜻이다. 아침에 일어나 하는 간단한 명상 혹은 팔굽혀펴기 몇 개, 이불을 반듯하게 개는 작은 행동조차 정신과 육체에는 자신의 '의도'를 알리는 신호가 된다. 반면 시간에 쫓겨 생각 없이 행동하는 것은 본능에 따라 사는 무의식적인 삶에 가깝다.

한 뇌 과학자는 유튜브를 볼 때조차 스스로 검색하라고 조언한다. 플랫폼이 자동으로 추천하는 영상을 수동적으로 소비하지 말라는 것이다. 스스로 삶의 방향을 통제하는 힘을 쥐고 있는가 여부에 따라 삶은 크게 달라진다. 에픽테토스는 "의도는 모든 행동의 시작이며, 우리가 무엇을 의도하느냐에 따라 삶이 결정된다"라고 말했다. 마르쿠스 아우렐리우스는 "삶의 모든 순간은 준비의 순간이다. 너의 의도와 일치하는 삶을 살아라. 그것이 진정한 행복의 길이다"라고 강조했다. 하지만 의도는 본능에 역행하기에 의도를 가지고 살기란 결코 쉽지 않다.

삶은 결국 두 가지 길로 나뉜다. 의도를 가지고 사는 삶과 의도 없이 살아가는 삶, 즉 의식적 삶과 무의식적 삶이다. 전자는 비행기의 파일럿처럼 스스로 조종하며 주도적으로 이끌어가는 삶이고, 후자는 자동조종장치에 맡긴 채 그저 흘러가는 삶이다.

손바닥을 살짝 꺾는 작은 동작조차 의도를 가지고 사는 삶에 대해 배우는 연습이었다. 이를 통해 수영에서 추진력을 얻듯, 삶에서도 의도적인 선택이 더 큰 성장을 이끌어낸다. 손바닥의 작은 움직임 하나가 수영의 방식을 바꾸듯, 우리의 작은 의도들이 삶의 방향을 바꿀 것이다.

흐르는

강물처럼,

우리 레인의 중간쯤에서 앞서가던 사람이 갑자기 멈춰 섰다. 그는 땅콩처럼 생긴 작은 킥판을 손에 든 채 숨을 헐떡이고 있었다. 얼굴엔 힘든 표정이 역력했다. 나도 어쩔 수 없이 잠시 멈춰 숨을 골랐다. 불과 한 달 전만 해도 나 역시 이 구간에서 힘이 들어 자주 멈추곤 했었는데, 강습과 자유 수영을 단 한 번도 빠지지 않고 꾸준히 해온 덕에 이제는 멈추지 않고 지나갈 수 있게 되었다.

오늘은 내가 보는 유튜브 수영 채널을 운영하는 사람을 보았다. 그의 영상을 많이 봤던 터라 단번에 알아볼 수 있었다. 호기심 반 반가움 반으로 용기 내어 말을 걸었다.

아모르 파티

"혹시 유튜브 채널 '미친물개' 운영자님 아니세요?"

그러자 그는 반갑게 눈인사를 해주었다. 수영 강사인 그는 몇몇 사람들에게 수영을 가르치며 자유형 시범을 보였다. 가볍게 움직이는 듯했지만 금세 25미터를 주파해버렸고, 심지어 접영 동작도 몇 번 하지 않는데, 어느새 레인의 끝 지점에 도착해 있었다. 그 모습을 보며 왜 50미터 수영장이 필요한지를 알았다. 그는 물 위를 미끄러지듯 유영했다.

그는 나에게 조언해주었다. "아직 수영을 시작한 지 얼마 안 되신 것 같네요. 이해하기 어려우실 수도 있지만, 물과 싸우지 말고 물에 올라타겠다, 물을 이용하겠다고 생각해보세요. 미끄러지듯 움직이겠다는 마음으로요. 그런 생각으로 꾸준히 하다 보면 분명 동작이 부드러워질 겁니다." 그 말이 마치 어떤 비법처럼 들렸다.

"어떤 아저씨가 우리 코치에게 아는 척하며 인사하니, 코치가 정말 좋아하더라." 샤워실에서 '미친물개' 코치에게 강습받는 수강생들이 내가 옆에 있는 줄도 모르고 아까의 일을 이야기하고 있었다. 역시 먼저 반가워해주고 칭찬해주는 데 싫어할 사람은 없는 것 같다.

한겨울에 수영을 마친 후 샤워를 하고 햇볕이 잘 드는 아늑한 공간을 찾아 어슬렁거리는 순간은 언제나 천국이다. 그가 아까 한 말을 다시 생각해본다. '물과 싸우지 말고, 물을 이용하라.' 스토아 철학의 핵심 원리와도 맞닿아 있는 한마디다. 스토아 철학은 자연의 흐름에 역행하지 않고 조화를 이루며 살아가는 법을 강조한다. 마르쿠스 아우렐리우스는 그의 저서 『명상록』에서 말했다.

> 세상은 강물처럼 흘러가며, 우리가 해야 할 일은 그 흐름을 이해하고 그에 맞게 헤엄치는 것이다.

또 다른 스토아 철학의 명언은 '아모르 파티(amor fati).' 운명을 거부하지 말고, 참혹한 운명조차 사랑하라는 의미다. 인생의 물결에서 우리가 통제할 수 없는 흐름을 거스르지 않고, 그 흐름을 나의 일부로 받아들이는 자세. 물과 싸우는 대신 물에 올라타라는 조언은 바로 이 말과 궤를 같이한다.

"물과 싸우지 말고 물 위를 미끄러지듯 나아가세요."

그의 말은 내 마음에 평온을 가져다주었다. 인생에서 우리는 매 순간 최선을 다해 살아가며, 그 작은 점 같은 순간들이 서로 얽히고설켜 새로운 연결을 만들어낸다. 내가 오늘 그를 알아볼 수 있었던 것도 그의 영상을 수없이 보며 수영을 배워왔기 때문이다. 그 경험이 점이 되어 그에게 인사하고 삶을 통찰하게 하는 조언을 듣게 되었으며, 그 조언에서 동기부여를 받아 이렇게 글까지 쓰고 있다는 사실이 그 증거다.

제3장

내가 수영장 레인을
무수히 오가며 생각한 것들

끝마칠 때

기분 좋은

"삑-!" 강사가 목표 지점을 가리키며 호루라기를 불었다. 25미터를 왕복한 뒤 모두가 지쳐 숨을 헐떡이고 있을 때였는데도, 그는 한 번 더 다녀오라고 지시했다. 내 앞에서 출발할 준비를 하던 사람이 힘든 표정으로 뒤돌아보며 내게 물었다.
"계속 이 시간에 강습받으셨어요?"

그날, 나는 처음으로 쉬지 않고 25미터를 네 번 왕복했다. 마지막 구간에서는 숨이 목 끝까지 차올라 도중에 멈추고 싶었다. 그러나 뒤에 오는 사람들에게 폐를 끼칠 것 같아서 포기할 수가 없었다. 그때, 옆 레인에서 자유 수영하던 사람의 손이 내 몸을 스치고 지나간다. 이런 일이 왕왕 있지만,

일을 하라

그때마다 놀란다. 가까스로 출발 지점에 돌아와 그를 바라보니, 지긋한 나이인데도 호흡이 무척 안정적이었다. '저분도 내가 겪는 이 과정을 이미 지나왔겠지.'

수업이 끝날 때면 모든 수강생이 둥글게 모여서 손을 모으고 구호를 외친다. "파이팅! 수고하셨습니다!" 그때 내 앞에서 힘들어하던 사람이 강사에게 물었다. "어떻게 하면 수영 실력이 빨리 늘까요?" 강사는 수경을 올리며 답했다. "자유 수영을 해야 빨리 늘어요. 배운 내용을 스스로 생각하며 익히는 과정이 중요하거든요. 꼭 자유 수영 하세요."

그 말을 듣고 한 달 반 동안 자유 수영을 빠지지 않고 해온 내가 조금 뿌듯해졌다.

샤워장에서 다시 마주친 그는 나에게 툭 던지듯 말했다.

"오기가 싫어서 그렇지 막상 오면 기분 좋아요." "네. 저도 그래요." 시작할 때 기분 좋은 것보다 끝마칠 때 기분 좋은 것을 해야 한다는 말이 떠올랐다.

점심 시간에 산책을 하다가도 팔을 돌리고 고개를 옆으로 젖히며 호흡을 연습한다. 여유롭게 미끄러지는 느낌을 상상하며 왼팔을 돌릴 때는 오른팔을 귀에 붙여 쭉 뻗고, 반대로도 반복했다. 그때 지나가던 사람과 눈이 마주치는 바람에 민망해서 고개를 숙였다. 내 또래들이 심심할 때마다 골프 스윙을 연습하는 모습은 종종 보인다. 하지만 공원에서 수영 동작을 연습하는 건 좀 생소해 보였으리라.

수영을 시작한 지 두 달째. 최근 입술이 마르는 증상이 나타났다. 피곤하거나 비장 기능이 약해지면 이런다는데, 아마도 평소 쓰지 않던 근육을 갑작스레 써서 그런 것 같다. 다행히 내일은 수영장이 쉬는 날이다. 내 몸도 함께 쉰다.

한계 이상으로 스스로를 몰아붙여서는 안 된다지만, 진짜 안타까운 것은 우리가 평생 자신의 한계를 모른 채 살아가는 경우가 많다는 것이다. 자신을 세차게 밀어붙여 보아야만 비로소 한계를 알게 된다. 예상치 못한 지점을 만나 한계 영역이 확장될 때도 있다. 오늘 나는 강사가 지시한 덕분에 쉬지 않고 레인을 네 번 왕복했다. 혼자였다면 분명 중간에 멈췄을 것이다.

강사도 수강생의 지지가 필요한 직업이기에 부담을 줄이고 느슨하게 수업하는 경우도 많다고 들었다. 하지만 가끔은 수강생들이 힘들다고 느낄 정도로 밀어붙이는 것도 강사의 역할이 아닐까.

"당신은 당신이 주의를 기울이는 대상이 된다." 에픽테토스의 말이다. 마르쿠스 아우렐리우스도 말했다. "당신이 반복적으로 하는 행동이 당신을 만든다. 탁월함은 단순한 행위가 아니라 습관이다." 배운 것을 실천하고 반복하고 내면화하는 것, 이것만이 우리가 되고자 하는 바에 다가갈 수 있는 유일한 길이다.

스토아 철학의 창시자 제논은 헤라클레스의 결정적 순간에 관한 이야기를 읽고 철학을 연구하기로 결심했다고 한다. 전설에 따르면, 헤라클레스는 갈림길에서 어디로 가야 할지 고민하며 운명에 대해 숙고했다. 그때 두 여신이 나타났다. 먼저 여신 카키아가 제안했다. 그가 제안한 길은 사치와 쾌락이 가득한 쉬운 길, 위험하지 않고 노력도 필요 없는 길이었다. 이어 여신 아레테는 험난하고 도전적인 길을 제안했다. 진정한 행복은 헌신과 노력에서 비롯된다면서. 헤라클레스는 아레테의 길을 선택했고, 그의 잠재력은 그곳에서 발휘되었다.

스토아 철학은 말한다. 순간의 쾌락을 추구하는 삶은 몸과 정신이 약해지기 쉬워 진정한 행복으로 이어지지 않는다. 오히려 고통스럽지만 가치 있는 목표를 좇을 때, 행복은 깊고 지속적인 형태로 다가온다. 쾌락을 행복으로 혼동하는 경우가 많은데, 사실 진정한 행복은 고통스러운 도전과 더 관련 있다.

되새겨본다. "끝마칠 때 기분 좋은 일이 가치 있다."

멈추지 않고

계속하는 비결

수영을 시작한 지 한 달 하고도 스무날이 지났다. 이제는 어느 정도 호흡을 조절할 수 있고, 25미터를 한 바퀴 왕복할 수 있다. 하지만 내 수영 실력은 정체된 듯했다. 처음처럼 눈에 띄는 발전이 느껴지지 않고 조금씩 지루해졌다. 여전히 계속하고는 있지만 성취감이 따르지 않는 상태. 이런 상태를 '신이 파놓은 함정'이라고 한다. 많은 사람들이 이 단계에서 좌절하고 포기한다고 하니, 참으로 교묘한 함정이라 할 수 있겠다.

지난달에 함께 등록했던 신입회원 열두 명 중 지금까지 남아 있는 사람은 나를 포함해 단 세 명뿐이다. 무엇이든 지속하는 것은 결코 쉬운 일이 아니다. 그래서 '최고의 재능은 지속하는 능력'이라는 말이 있는 게 아닐까.

오늘 수업에는 새로운 강사가 등장했다. 떡 벌어진 어깨와 단단한 체격을 지닌 남성이었는데, 한마디 하기도 전에 이미 위압감이 느껴졌다. 그의 첫 번째 가르침은 '천천히 수영하라'는 것이었다.

그러면서 시범을 보였는데, 팔을 들어 올릴 때도, 물속으로 집어넣을 때도 멈춘 듯이 극도로 부드럽고 느린 동작이었다. 물방울 하나 튀지 않는 완벽한 흐름. 마치 어느 다큐멘터리에서인가 본 원주민 부족 의식처럼 아주 천천히, 동작 하나하나에 집중하며 움직였다.

그가 설명했다. "팔을 머리 위로 뻗은 상태에서 손이 가슴까지 올 때는 천천히 움직이세요. 손바닥으로 물을 부드럽게 잡고 끌어안듯이요. 그리고 가슴부터 허벅지까지는 속도를 높여 힘껏 물을 뒤로 보내야 추진력이 생깁니다. 다시 팔을 뻗을 때는 힘을 빼고 천천히." 그 말대로 하면 내 움직임도 보다 유연해지고 효율적이 될 것 같았다.

설명을 마친 그는 내 자세를 유심히 살피더니 질문을 던졌다. "수영한 지 얼마나 되셨나요?" 오른팔과 왼팔을 돌릴 때 균형이 흐트러진다고 지적하며, 팔을 네 번 돌린 후 숨을 쉬어보라고 했다. 그러면서 자세가 흐트러지는 순간을 직접 관찰하고 스스로 원인을 파악해보라는 것이었다. 그러면서도 끝에는 칭찬을 건넸다. "운동신경이 뛰어나 보여요." 기분 좋은 말이었지만, 문득 그런 생각이 들었다. 내가 자유 수영을 하루도 빠지지 않고 나왔다는 사실과 유튜브로 수많은 수영 영상을 찾아보며 길을 걸을 때도 팔 동작과 호흡을 연습한 노력을 알았다면, 그는 오히려 내 운동신경이 둔한 편이라 판단했을지도 모른다고.

매일 같은 것을 반복하면서 새로운 생각을 떠올리기란 쉽지 않다. 하지만 오늘 새로운 강사를 만나니 정체되어 가던 내 수영에 신선한 자극을 받은 기분이었다. 매일 같은 행동을 지속하려면 색다른 사고방식이 필요하다. 에픽테토스는 말했다. "좋은 삶을 살려면 편리할 때든 편안하지 않을 때든, 쉬울 때든 쉽지 않을 때든 일관적이어야 한다." 또 세네카는 말했다. "아무것도 미루지 말고, 매일 삶과 싸워라."

우리의 행동은 반복할수록 강화된다. 긍정적이든 부정적이든 말이다. 한 번 견디면 다음에도 견딜 가능성이 커지고, 한 번 포기하면 다음번에도 포기할 가능성이 커진다. 결국, 우리는 우리가 반복하는 것들로 이루어진다.

우리에게 주어진 인생의 길을 가다 보면 자기 자신과 목표에 대해 더 많이 알게 되고, 목적지에서 벗어나게 만드는 장애물과 유혹을 더 잘 이해하게 된다. 그러니 우리의 임무는 멈추지 않고 계속 가는 것이다.

첫

배영 수업

수영을 시작한 지 두 달째에 드디어 배영을 배우기 시작했다. 강사는 물 위에 누운 자세에서 몸을 폴더처럼 접으며 일어나는 법부터 설명했다. 그러고는 나를 지명해 말했다. "자, 강민 회원님부터 뒤로 누우세요." 하지만 난 여전히 물에 등을 대고 눕는 것이 두려웠다. 온몸이 긴장해버렸고, 결국 곧바로 가라앉으며 코로 물을 마시고 말았다. "켁켁!"

이후로도 고난은 끝이지 않았다. 킥판을 잡고 배영 발차기로 전진하는데, 앞사람의 발이 내 킥판에 부딪쳤다. 나는 놀라서 허둥대다 또다시 물을 먹었는데, 앞사람은 아무 일 없다는 듯 계속 앞으로 나아갔다. 나도 급히 뒤를 확인한 후 다시 누워서 발차기를 이어갔다. 그때였다. 옆 레인에서 접영하던 수영 고수가 힘차게 팔짓했다. 마치 폭우처럼 얼굴로 쏟아지는 물에 또 한 번 놀라며 호흡이 흐트러지고 말았다.

강습이 끝난 뒤에도 킥판 없이 물 위에 눕는 연습을 했다. 하지만 매번 코로 물이 들어왔고, 일어설 때도 강사가 가르쳐준 폴더 자세가 되지 않아 레인을 붙잡고 엉거주춤 일어나야 했다. 그래도 계속했다. 지칠 대로 지친 가운데 '마지막으로 한 번만 더!'라는 마음으로 몸을 물에 맡겼다. 그 순간, 긴장이 풀리면서 물이 자연스럽게 나를 떠받쳐주는 느낌이 들었다. 그 상태에서 팔을 젓자 몸이 부드럽게 앞으로 나아갔다. 상쾌했다.

스토아 철학자들은 두려움이 낯선 상황에서 비롯된다고 말한다. 우리는 잘 모르는 것 앞에서 위축되기 마련이다. 무지는 두려움의 근원이 된다. 오늘 처음으로 배영을 배울 때도 그랬다. 킥판을 잡고 몸을 물에 띄울 때도, 뒤로 누울 때도 내 몸은 뻣뻣하게 굳어 있었다. 새로운 것은 언제나 낯설고, 낯설다는 감정은 두려움을 불러일으키며, 두려움은 긴장을 유발하기 때문이다. 그리고 긴장하면 몸이 경직된다. 하지만 그 새로운 것에 대해 배우면 두려움도 점차 사라진다. 어떤 일이 몹시 어려울 것이라고 생각하여 지레 겁을 먹고

도망칠 때가 있다. 그런데 정작 실제로는 생각만큼 어렵지 않은 경우가 많다.

그러니 무언가가 두렵다면 오히려 자주 접해야 한다. 세네카는 말했다. "그 일이 어려워 보여서 감행하지 못하는 게 아니다. 감행하지 않기 때문에 어려워 보이는 것이다." 마르쿠스 아우렐리우스도 강조한다. "당신의 외부 환경은 마음의 반영일 뿐이다. 당신의 마음을 다스리라."

한참 배영을 연습하다 나오니, 헤어드라이기 소리, 수영을 마치고 나온 사람들의 대화와 웃음소리로 평소 늘 시끌벅적한 탈의실이 마치 산속 절간처럼 조용했다. 칠십 세쯤 되어 보이는 할아버지 한 분이 선풍기의 미풍을 맞으며 양쪽 귀에 번갈아 면봉을 집어넣고 있었다.

수영 후 밖에 나와 맞는 시원한 바람. 예전만큼 짜릿하게 느껴지지는 않는다. 그저 찌뿌둥한 기분만 달래는 정도다. 꼭 첫 모금이 가장 시원한 맥주처럼 인간은 익숙한 것에서 큰 감동을 느끼지 못한다. 그래서 새로움을 찾아 나서며 더 큰 기쁨을 좇는 것이다. 그것이 결국 인류 문명을 발전시킨 원동력이 되기도 했다지만, 동시에 청개구리 같은 이 감정이 얍삽하게 느껴지는 것도 사실이다.

젖은 머리를 말려주는 바람을 느끼며, 이어폰에서 흘러나오는 비발디 음악을 듣는다. 내 앞에 할아버지와 할머니가 천천히 걸어가고 있다. 그 정겨운 모습을 한동안 바라보는데, 그분들도 머리카락이 촉촉이 젖었고 수영 가방을 들고 있었다. '나랑 같은 시간대에 수영하셨구나.' 수영장에서는 물안경 때문에 흐릿한 형체만 보인다. 평상복을 입은 할아버지 할머니들의 모습을 몸에 딱 붙는 수영복을 입고 수영모로 흰머리를 가린 채 선글라스 같은 수경을 낀 수영장에서의 모습과 일치시키는 것은 쉬운 일이 아니다. 물 위에서는 활기찼던 그들이, 바깥에서는 구부정한 노인이 된다. 마음이 아릿하다.

새로운 것을 시도할 때 두려움은 피할 수 없는 감정이다. 하지만 그 두려움을 직면하고 감행하는 것에서 우리는 성장하기 시작한다. 감행하지 않기에 어려워 보이는 것이며, 행동하면 할수록 통제력은 커진다. 수영장에서도, 그리고 삶에서도 마찬가지다.

초보자의 물장구와

시끄러운 자판 소리

옆 레인의 초급반 수강생들이 레인을 붙잡고 강사의 호각 소리에 맞춰 힘차게 발차기한다. 나도 저들처럼 물보라를 일으키며 연습했던 것이 불과 두 달 전 일이다. 발과 물이 부딪치는 소리, 강사의 우렁찬 목소리, 호각 소리가 온 수영장에 울려 퍼진다. 반면 그 옆 레인의 고급반은 조용히 줄지어 자유형을 이어간다. 마치 물과 하나된 듯, 불필요한 동작 없이 부드럽게 나아간다. 경지에 오를수록 소음은 사라지고 움직임은 정제된다.

배영을 할 때는 배와 가슴을 최대한 들어 올리고, 턱을 당긴 채 시선을 수영장 천장 임의의 한 직선에 고정하라고 했다. 지시대로 천장을 따라간다고 생각했지만, 방향이 틀어졌는지 마주 오던 사람과 팔을 부딪쳤다. 그래서 레인 쪽으로 더 바짝 다가가 붙으니, 이번에는 옆 레인 사람의 손이 내 몸에 닿았다. 나는 도대체 어디로 가야 한단 말인가?

강사는 강조했다. "배영 발차기를 할 때는 허벅지가 내려갔다가 올라와야 합니다." 무릎 아래만 움직이는 것은 물장구에 불과하고, 추진력을 얻으려면 엉덩이 근육을 써야 한다는 것이다. 가장 큰 근육인 허벅지를 많이 쓰기 때문일까, 배영이 자유형보다 훨씬 힘들었다. 25미터만 가도 숨이 턱끝까지 차올랐다.

팔을 젓는 것도 더욱 세세하게 신경 써야 했다. 손이 물에 들어갈 때 새끼손가락부터 넣어 물속에서 손바닥을 비트는 작은 저항까지 줄이라는 것이었다. 그런데 어떤 유튜브 영상에서는 손을 그냥 던지듯이 뻗으라고 하기에 무엇이 맞는 것인지 혼란스러웠지만, 일단은 강사의 방식을 따르기로 했다. 하지만 조만간 손을 던지는 방식으로 바꿀 것 같다는 생각이 든다. 나에게는 그게 더 자연스럽고 힘도 덜 들기 때문이다.

수영 후 도서관에 가면 한 시간 정도는 몽롱하다. 이때 의자에 앉아 있으면, 그저 앉아 쉴 수 있음에 무한히 감사하게 된다. 지쳤을 때에만 평범한 휴식의 소중함을 알게 되는 법이다. 무의식과 의식의 경계를 오가는 이 순간, 이어폰에서 흘러나오는 피아노 연주는 환상적이다.

그때, 갑자기 시끄러운 타자 소리가 귓전을 때린다. 누군가 노트북 자판을 세차게 두드리고 있는 것이다. 조용한 도서관에서 이렇게 요란한 소리를 내도 되나? 도대체 무엇을 쓰고 있는 것일까? 수영 초보자가 발차기 소리는 누구보다 크게 내면서도 앞으로 나아가지는 못하듯, 숙련되지 않은 집중은 오히려 소란스럽다. 반면 고수의 움직임은 조용하고도 유려하다. 이는 수영뿐 아니라, 삶의 모든 영역에 해당하는 이치다.

세네카는 말했다. "고요함 속에서 진정한 통찰이 온다. 소음이 아닌 침묵에서 지혜를 찾으라." 에픽테토스는 "진정한 힘은 소란스러운 외부가 아니라, 내면의 평화에서 비롯된다"고 강조했다. 마르쿠스 아우렐리우스 또한 "가장 지혜로운 사람은 조용히 생각하고, 외부의 소음에 휘둘리지 않는다"고 했다. 조용한 내면이 깊은 이해와 통찰을 낳는다. 숙련된 사람은 외부의 혼란과 상관없이 자신의 중심을 지키고 잠잠할 수 있다. 진정한 지혜와 내면의 평화를 지닌 사람은 소란 속에서도 중심을 지키고, 조용히 자신의 길을 간다는 의미다.

무언가를 창조하는 순간, 책에 깊이 빠지는 순간, 좋은 영화에 몰입하는 순간, 심지어 단톡방에 메시지를 남기는 그 짧은 순간에도 고요가 필요하다. 고요는 곧 몰입이고, 몰입은 대상에 대한 사랑이다.

그래서 스토아 철학자들은 명상 등 혼자 있는 시간이 필요하다고 말한다.

시끄러운 자판 소리는 불쾌했지만, 그로 인해 고요함에 대해 생각하고 글을 쓰게 되었으니 결과적으로는 샘샘이었다고, 말하고 싶다.

가고, 가고, 가는 중에

알게 된다

수영 강습 시간, 여성들은 서로 조곤조곤 이야기를 나누지만 남성들은 대개 말이 없다. 처음 만났을 때 "안녕하세요?" 인사하는 정도가 고작이다. 그런데 강습이 끝나갈 무렵, 한 남성 회원이 내게 말을 걸었다. "굉장히 잘하시네요. 지치지 않으세요?" 나는 예상치 못한 칭찬에 멋쩍게 웃으며 답했다. "아뇨, 발차기 할 때가 너무 힘들어요!"

문득 예전에 읽은 글이 떠올랐다. 여성이 남성보다 평균적으로 오래 사는 이유 중 하나가 관계를 부드럽게 유지하는 능력이 뛰어나기 때문이라는 내용이었다. 관계를 맺고 대화를 나누는 일, 그것이 삶의 지속성과도 연관 있을까?

수영을 시작한 지도 벌써 두 달이 훌쩍 넘었다. 요즘 강습 시간에는 킥판을 잡고 150미터를 발차기로 나아가고, 배영 발차기와 팔 동작을 연습하며, 마지막 십오 분 정도는 자유형으로 150미터를 완주한다. 모두 벌겋게 달아오른 얼굴로 숨을 몰아쉰다. 강사가 내게 말했다. "정강민 회원님, 쉬지 않고 여기까지 오셨네요!" 순간 머릿속에 스치는 생각. '그동안 자유 수영을 빠지지 않았던 효과가 드디어 나타나는구나!'

하지만 여전히 배영할 때 코와 입으로 물이 들어온다. 몸이 물 위에 완전히 뜨지 못하고 얼굴이 반쯤 가라앉아 있기 때문이다. 폐에 공기를 가득 채우면 몸이 자연스럽게 떠오른다. 숨을 내쉬면 가라앉고, 이때 물이 코와 입으로 들어온다. 결국 공기를 신속히 들이마시는 것이 배영 호흡의 핵심이다. 또한 고개를 과하게 젖히지 않고 턱을 살짝 당기는 것이 중요했다. 이외에도 한쪽 팔을 너무 귀에 붙이려고 하면 몸에 힘이 들어가 물에 뜨기 어려워진다.

강사는 롤링이 배영의 핵심이라고 했다. 한 팔이 물을 젓는 동안 반대쪽 팔은 최대한 기다려야 한다. 오른팔이 물속에서 물을 끝까지 젓고 물 밖으로 나오려 할 때는 오른쪽 어깨를 먼저 들어 올려야 한다. 그런 다음 오른팔을 공중으로 뻗어 넘긴다. 이때 손바닥이 가슴을 지나가기 전까지 반대쪽 팔은 그대로 뻗어 있어야 한다. 그 말대로 하니 물을 거의 먹지 않게 되었다.

도착 지점에는 리본이 매달려 있어 배영을 하면서도 거의 다 왔음을 알 수 있다. 그런데 매번 느끼지만, 끝 지점은 생각보다 더 멀다. 그래서 처음 강습 때는 가장 마지막에 출발하는 것이 좋았다. 그러면 앞서 출발하여 먼저 도착한 사람들이 레인 옆에 정렬해 서 있기 때문에 그 줄의 끝까지만 가면 된다. 약 삼사 미터를 덜 가도 되는 것이다. 하지만 이제는 방해받지 않고 제일 처음에 출발하는 것이 더 좋다.

그래도 여전히 나이 지긋한 여성들이 쉬지 않고 레인을 도는 모습을 보면 '과연 나도 저렇게 할 수 있을까?'라는 생각이 든다.

운동하러 왔으니 힘이 들어야 한다. 힘들지 않게, 천천히 여유롭게 한다면 수영을 시작한 본래 취지와 어긋난다. 나의 목표는 다리 근육을 강화하고 폐 기능을 증대하는 것이다. 그러니 숨이 차오를 정도로 몰입해야 한다. 금세 헉헉거리고 마는 저질 체력을 이런 생각으로 위안 삼는다.

스토아 철학자들은 지속적인 훈련과 자기 수양의 중요성을 강조했다. 마르쿠스 아우렐리우스는 『명상록』에서 "우리는 우리가 반복적으로 하는 것에 의해 정의된다. 따라서 탁월함은 행동이 아니라 습관이다"라고 말했다. 에픽테토스 또한 "자신을 훈련시키지 않으면 어떤 것도 성취할 수 없다"고 하며 끊임없는 노력이 필요함을 설파했다. 이들은 지속적인 훈련을 통해 내면의 평화와 덕을 쌓아갔다. 스토아 철학은 신체 단련을 중요시했다. 메달을 따기 위해서도, 건강을 위해서도 아니었다. 신체 훈련은 덕을 닦는 길이었다. 구체적으로 인내와 자제력, 용기를 실천하는 하나의 방법이었다.

"위대한 건축물들은 그것을 오랫동안 눈으로 그려볼 능력이 있는 사람들이 지었다. 행위는 지속하고, 결과는 인내해야 한다. 세상에 효율적인 길은 있겠지만 지름길은 없다." 현대 건축의 거장 르 코르뷔지에의 말이다. 모든 것은 차근차근 쌓아가는 과정 속에서 완성된다.

수영 후 녹초가 된 상태에서는 주변의 작은 소음이 신경 쓰이지 않는다. 마우스를 빠르게 클릭하는 소리, 키보드를 두드리는 소리, 의자 바퀴 구르는 소리, 전화 받는 작은 목소리. 평소라면 거슬렸을 소리들이 이제는 그저 배경음처럼 느껴진다. 오직 수영으로 달궈진 몸과 깊어진 호흡만이 온전히 남는다.

세상은 단순하다. 부지런히 행동하여 결과를 받든지,

그러지 않든지. 자신이 선택하고 그 결과를 기꺼이 수용하면 된다. 봉우 권태훈 선생의 소설 『단』에는 "거거거중지 행행행리각(去去去中知 行行行裏覺)"이라는 말이 나온다. 가고 가고 가는 중에 알게 되고, 행하고 행하고 행하는 중에 깨닫는다는 뜻이다. 다른 비법은 없다. 중지하지 않고 꾸준히 실천하다 보면 알게 되고 깨닫게 된다는 말이다.

자유형을 더 오래하고 싶은 나, 배영의 '폼'을 고민하는 나. 불과 몇 달 전만 해도 수영을 전혀 하지 못했던 내가 여기까지 왔다. 삼 개월간 꾸준히 한 것 외에 다른 이유가 있을까?

백 세 철학자로 유명한 김형석 교수는 건강 비결 중 하나로 수영을 꼽았다. 늦은 나이가 되어서도 수영을 최소한 일주일에 두 번은 꾸준히 했다는 것이다. 나도 이제 배운 수영을 오랫동안 지속할 것이다.

평영,

삶을 가장

수영을 시작한 지 세 달이 지나고, 네 번째 달을 맞이한다. 드디어 평영을 배우기 시작했다. 흔히 '개구리헤엄'이라 부른다. 익숙한 듯하면서도 낯선 이 영법은 생각보다 훨씬 까다로웠다.

강사가 내 이름을 불렀다. 내가 바닥에 눕자, 강사는 내 발뒤꿈치를 잡아 허리 쪽으로 당긴 뒤 발 안쪽으로 물을 차고 쭉 뻗는 동작을 수강생들에게 시범으로 보여주었다. 순간 뒤에서 모두가 나를 지켜보고 있다는 사실이 의식되어 약간 부끄러웠다.

발 안쪽으로 물을 차는 것이 평영의 핵심이다. 마치 축

많이 닮은 영법

구에서 인사이드킥을 하듯이 해야 한다고 했다. 그리고 가장 중요한 것은 '기다림'이었다. 유선형 자세를 유지한 채 3초 정도 물살을 타며 나아가는 그 '순간'을 느껴야 한다는 것이었다.

하지만 현실은 달랐다. 아무리 힘껏 발을 차고 팔을 저어도 제자리였다. 물이 단단한 벽이라도 된 듯 앞으로 나아가지 않았다. 당황스러웠다. 벌써 석 달이나 수영을 배웠는데, 아무리 새로운 영법이라 해도 이 정도로 앞으로 나가지 않는다니.

문득 수영을 배우기 시작한 지 얼마 되지 않았을 때가

떠올랐다. 강습이 끝난 후, 2층에서 다른 사람들이 수영하는 모습을 지켜보곤 했다. 그때 한 중학생이 자유형으로 능숙하게 헤엄치다 앞사람이 느리게 가면 자연스럽게 평영으로 바꿔 속도를 조절하는 모습을 보았다. 그 모습이 어찌나 인상 깊던지, 그때부터 느리고 부드러운 평영이 좋았다.

그러나 막상 배워보니 평영은 생각보다 재미가 없었다. 도무지 앞으로 나아가는 느낌이 없었다. 흔히 어떤 일에 재미를 잃었을 때 그 일에서 의미를 찾기 시작한다고 하지 않던가. 나도 평영을 배우며 왜 수영을 하는지를 되묻게 되었다.

나는 평영이 속도를 내기 위한 수영이 아니라 생존을 위한 수영이라고 생각한다. 느리지만 체력 소모가 적다. 그리고 이 점이 내가 추구하는 삶과 닮았다. 남들처럼 빠르게 앞서 나가지는 못하더라도, 천천히 꾸준히 나아가는 것, 힘을 빼고 자연스럽게 흐름을 타는 것. 깊이 있는 삶은 효율로 이루어지는 것이 아니다. 오히려 남들이 '너무 느린 것 아니냐'고 여길 만큼 천천히 가야만 도달할 수 있는 곳이 있다. 물론 비록 더디더라도, 매 순간 혼신을 다해 온몸이 녹초가 될 때까지 나아가야 할 것이다. 그래야 비로소 깊이가 더해질 테니까. 그러나 정작 나 자신이 이를 실천하고 있다고 선뜻 말하기에는 자신이 없다.

어느 고승의 말이 떠오른다. 오랜 시간 꾸준히 무언가를 할 수 있는 힘은, 결과의 보상을 기대하지 않는 무심함에서 나온다고. 그는 덧붙였다.

'당신이 좋아하는 것이 무엇인가?'라는 질문보다 더 중요한 것은 '당신은 어떤 고통을 지속적으로 견딜 수 있는가?'라는 질문이라고.

소설가는 며칠 밤낮을 글을 쓰고 고치는 고통을 견디고, 역도 선수는 근육이 찢어질 듯한 고통을 견디며, 가수는 목이 쉬고 목청이 떨어져 나가는 고통을 견딘다.

석가모니가 말했듯 삶은 고통이고, 우리는 이 고통을 피할 수 없다. 우리가 해야 할 일은 이 고통을 상수로 받아들이고, 자신이 감당할 수 있는 고통이 무엇인지 아는 것이다. 그 고통을 견딜 수 있다면, 그것이 곧 우리 인생의 미션이 될 가능성이 크다. 견딜 수 있는 고통을 찾는다면, 우리는 진정으로 큰 보물을 발견한 셈이다.

마르쿠스 아우렐리우스는 말했다.

고통은 인간의 본질이다. 그것을 어떻게 받아들이고 어떤 태도로 임하느냐가 진정한 힘을 결정한다.

결국 고통을 자연스럽게 받아들이고 그 안에서 자신을 단련하는 것이 중요하다. 확실한 것은, 고통을 지속적으로 견디다 보면 분명 더 강해진 자신을 발견할 수 있다는 사실이다. 더불어 단호함까지 갖게 된다.

나는 수영장을 왕복할 때 다리 근육이 뻐근해 오는 느낌을, 물속에서 숨을 참느라 숨이 턱밑까지 차오르는 느낌을 안다. 그것을 고통이라 부를 수 있을지는 모르겠지만, 이 정도의 아픔은 견딜 수 있다. 그래서 아마도 나는 계속 수영하게 될 것이다.

성급함은

약함의 한 형태

수영 시작을 알리는 휘슬 소리가 울리면, 수영장의 사이드는 잠시 분주해진다. 안전요원의 구령에 맞춰 준비운동을 시작한다. 나는 워밍업이 끝난 후 수영장 물을 한 움큼 떠 가슴을 살며시 적시며 이제 곧 차가운 물을 만나게 될 것임을 내 몸에 예고한다. 내 옆쪽에서 준비운동을 하는, 이제는 낯익은 육십 대 중반의 아저씨에게는 또 다른 루틴이 있다. 그는 발끝부터 아주 천천히 찬물에 담그며 몸을 적응시킨다.

    오후 한 시, 자유 수영이 시작되면 어김없이 그는 상급자 레인에 있다. 흔들림 없는 자유형 스트로크로 물살을 가르며 한 바퀴, 두 바퀴, 세 바퀴… 정확히 열다섯 바퀴를 돈다.

다 돌고 나면 미련 없이 물 밖으로 나와 샤워실로 향한다. 물이 뚝뚝 떨어지는 그의 몸매는 군더더기 없이 탄탄했다.

시간을 달리해 오후 세 시에 자유 수영을 가면 조금 더 나른한 공기가 감도는 중급자 레인에는 또 다른 터줏대감이 있다. 칠십 대 초중반으로 보이는 할머니다. 그는 늘 이 시간에 나타나 자유형과 배영을 번갈아 구사하며, 마치 물 위를 산책하듯 유유히 열 바퀴를 돈다. 속도는 빠르지 않다. 오히려 너무나 여유로워 때로는 그저 물 위에 떠 있는 것처럼 보일 정도다. 하지만 그 움직임에는 지치지 않는 꾸준함이 있고 물과 하나된 듯 편안하다. 힘겨운 내색 대신 물을 즐기는 여유가 가득하다. 그분을 볼 때마다 몇 바퀴 돌지 못하고 숨을 헐떡이는 내 저질 체력을 한탄하게 된다.

나는 변덕스럽게 오후 한 시에도, 세 시에도, 아침 아홉 시에도 혹은 밤에도 수영장을 찾지만, 그들은 그러지 않는 것 같다. 오후 한 시의 아저씨와 세 시의 할머니는 마치 약속이나 한 듯 언제나 그 시간, 그 레인에 있었다. 한번은 2층 휴게실에서 할머니가 친구 두 분과 커피를 마시며 담소하는 모습을 보았다. 손주 이야기, 자식들 사는 이야기… 여느 할머니들의 대화와 다르지 않았지만, 유독 그의 목소리는 힘 있고 또렷했다. 피부도 놀랄 만큼 탱탱하고 생기가 넘쳤다. 규칙적인 움직임과 꾸준함이 젊음과 활력을 선사하는 듯했다.

일관성을 유지하고 자신만의 리듬을 지킨다는 것은 정말 어려운 일이다. 그들은 수영할 때 결코 조급해 보이지 않았다. 스스로 정한 규칙 안에서, 자신만의 박자로 움직였다. 억지로 속도를 내려는 안간힘 대신, 물 안에서 최적의 효율을 찾아낸 사람의 여유가 느껴졌다.

스토아 철학자 세네카는 말한다.

성급함은 약함의 한 형태다. 스스로의 리듬을 조절하지 못하는 자는 강하지 않다.

세네카가 말하는 '강함'은 단순히 물리적인 힘이 아니라, 내면의 평정을 유지하며 외부의 압력이나 내부의 충동에 휘둘리지 않고 자신의 페이스를 지킬 수 있는 능력이다. '강함'은 자기 조절 능력과 인내력에서 나온다. 물을 억지로 밀어내며 허우적거리는 초심자와 달리, 숙련된 수영인은 물의 저항을 이용하고 흐름을 타며 부드럽게 나아간다. 속도보다 리듬을, 순간적인 폭발력보다 지속 가능한 페이스를 중시하는 것. 이것이 바로 물속에서 발견하는 강함의 본질이다. 세네카의 지혜와도 맞닿아 있다.

수영은 본질적으로 리듬 운동이다. 일정한 호흡, 팔과 다리의 조화로운 움직임이 물살을 가르는 추진력이 된다. 이 리듬을 깨뜨리는 가장 큰 적이 바로 '조급함'이다. 빨리 가고 싶은 마음, 남보다 앞서고 싶은 욕심은 호흡을 가쁘게 하고 동작을 흐트러뜨린다.

이는 비단 수영장에서만 통하는 이야기가 아니다. 우리의 삶 자체가 거대한 수영장과 같아서, 저마다의 리듬을 찾아 꾸준히 나아가는 것이 중요하다. 우리는 종종 '급할수록 돌아가라'고 말하지만, '돌아간다'기보다는 '자신의 고유한 리듬을 회복해야 한다'가 더 정확한 표현이 아닐까 한다. 서두르지 않고 자신의 박자에 맞춰 한 걸음씩 내딛는 것, 그것이 바로 외부 상황에 흔들리지 않고 자신을 완성해 나가는 가장 깊고도 강한 힘이다.

세상에서 가장 경외심이 드는 사람들은 어떤 환경에서도 동요하지 않고 자신만의 리듬으로 묵묵히 나아가는 사람들이다. 분명 당황하거나 서두르거나 멈춰 서야 할 것 같은 상황에서도, 그들은 마치 아무 일도 없었다는 듯 평소의 리듬을 유지한다. 그 내면에는 외부의 소란이 침범할 수 없는 고요한 중심이 있는 듯하다.

카프카는 "조급함은 죄"라고 말했다. 조급함은 상황을

개선하기는커녕, 오히려 일을 더 꼬이게 만들고 실수를 유발한다. 충분히 몸을 풀지 않고 의욕만 앞서 물에 뛰어들었다가 어깨를 다치는 사람, 초반에 전속력으로 질주하다 금세 지쳐 레인 끝까지 가지 못하는 사람… 이들의 공통점은 자신의 상태와 능력을 고려하지 않고 '조급하게' 행동한다는 것이다. 성과를 빨리 내야 한다는 강박, 남에게 뒤처지면 안 된다는 불안은 결국 자신을 해치는 부메랑이 되어 돌아온다. 조급함은 가난한 감정이다. 부족, 결핍을 전제하기 때문이다. 세네카의 말처럼, 조급함은 스스로를 통제하지 못하는 '약함'의 명백한 증거이며, 자신을 갉아먹는 습관이다.

길거리에서 위급한 상황에 처한 사람을 돕는 이들은 시간적·심리적으로 여유 있는 사람들이었다는 흥미로운 연구 결과가 있다. 조급한 사람들은 자신의 목표에 몰두하느라 주변을 돌아볼 여유가 없다. 당연히 타인의 고통에 공감하고 손을 내밀기 어렵다. 이런 맥락에서 보면, 조급함은 단순히 개인적인 실수를 넘어 타인과의 관계, 나아가 공동체에도 부정적인 영향을 미칠 수 있다. 카프카의 말이 과장이 아닐지 모른다.

조급함은 '여유 없음'에서 비롯된다. 이때 말하는 '여유'는 단순히 물리적인 시간이 많은 상태가 아니다. 아무리 시간이 많아도 마음이 불안하고 끊임없이 무언가에 쫓기면 여유는 생기지 않는다. 진정한 여유는 마음의 여백, 즉 현재에 머무르며 외부의 속도에 휘둘리지 않는 내면의 공간에서 나온다.

다시 세네카의 말을 빌리자면, "우리는 항상 삶이 짧다고 불평하지만, 사실은 우리가 많은 시간을 낭비하고 있기 때문이다." 우리가 시간을 낭비하는 방식 중 하나가 바로 조급함에 사로잡혀 현재를 제대로 살지 못하는 것이다. 미래의 결과에 대한 불안과 과거의 실수에 대한 후회 속에서 현재의 리듬을 잃어버리고 있지는 않은가?

또 역설적으로 '시간이 충분하다'고 안심하며 나태해지는 순간에 현재에 집중하는 진짜 여유를 잃을 수 있다. 한 시의 아저씨와 세 시의 할머니가 여유로워 보이는 것은 시간이 남들보다 많아서가 아니라, 주어진 시간을 자신만의 리듬으로 채우며 온전히 사용하기 때문이 아닐까?

내가 수영장에서 만난 두 명의 꾸준한 수영인은 중요한 삶의 지혜를 가르쳐준다. 그것은 외부의 속도에 맞추려 허둥대기보다, 자신만의 고유한 리듬을 발견하고 인내심 있게 그 리듬을 따라 꾸준히 나아가야 한다는 것이다. 그 리듬 속에서 우리는 세네카가 말한 '강함'을 발견하고, 조급함이라는

'약함'에서 벗어나 비로소 삶이라는 거대한 물결을 여유롭게 헤쳐 나갈 수 있다.

제4장

깊은 수심을 경험하다

제자리에서

앞서도 말했듯 수영을 시작한 것은 처음부터 계획했던 일이 아니었다. 아파트 1층 출입구에 붙어 있던 수영장 광고지에 눈길을 주었던 짧은 순간, 그저 흘려보낼 수도 있었던 그 순간이 내 삶에 새로운 한 페이지를 열어주었다. 지금 돌이켜 생각해보면, 우연처럼 다가온 그 광고에 묘한 감사함마저 느껴진다.

이후 비교적 순조롭게 수영을 배워왔지만, 평영 발차기에서 벽에 부딪혔다. "발을 차기 전, 엉덩이까지 천천히 끌어오면서 물의 저항을 최소화하고 발 안쪽을 이용해 강하게 차야 합니다. 차는 순간 엉덩이가 살짝 떠오르는 것이 좋은데,

편안하게

헤엄치는 법

그러려면 약간 아래 방향으로 차는 것도 도움이 됩니다." 강사는 덧붙여 말했다. "평영 발차기는 단순히 발을 차는 것이 아니라, 두 발이 모이면서 밀려난 물살이 앞으로 나아가게 만드는 겁니다. 발목을 이용해 물을 '쭉 짜준다'고 생각해보세요."

강사의 설명을 주의 깊게 들었지만, 뜻대로 되지 않았다. 덩치 큰 남자 회원도, 가녀린 여성 회원도 나보다 훨씬 수월하게 앞으로 나아가는데 나는 제자리를 맴돌 뿐이었다. 강사는 웃으며 말했다. "평영은 시간이 좀 걸려요." 원래 다른 영법은 비교적 빠르게 몸에 익지만, 평영은 초반에 전혀 앞으로 나아가지 않는 듯한 느낌 때문에 많은 사람들이 답답해한다고 했다. 하지만 그다지 위로가 되지는 않았다.

물속에서 고군분투하던 나를 미소 짓게 한 것은 다음 날 자유 수영 시간에 있었던 뜻밖의 작은 사건이었다. 출발 지점에서 숨을 고르던 내게 나이 지긋한 할머니가 다가와 말을 걸었다. "총각, 이것 좀 고쳐줘요. 물이 새 들어오네." 수경 끈을 조여달라는 부탁이었는데, 뒤에 덧붙였다. "눈이 나빠서 보이질 않아."

속으로 조금 웃었다. 물속에서는 나이를 가늠하기 어렵다. 몸에 꼭 맞는 수영복, 눈을 가리는 수경과 머리를 덮은 수영모, 무엇보다 물속에서의 활기찬 모습은 모두를 젊어 보이게 한다. 내가 수경을 고쳐 건네니, 할머니는 조금 전과는 전혀 다른 말투로 아주 공손하게 인사했다. "고맙습니다." 아마 내 얼굴을 자세히 보고서 '총각'이라는 호칭이 어울리지 않는다는 사실을 뒤늦게 깨달았을 것이다. '총각'이라는 말을 들으니 기분이 묘했다. 젊게 봐주니 기분이 좋기도 했지만, 돌아갈 수 없는 청춘이 생각나 씁쓸하기도 했다.

다시 돌아와 평영 발차기를 시도했지만 여전히 제자리였다. 속에서 스멀스멀 조급함이 피어올랐다. 처음에는 '이제 막 시작했으니 천천히 해도 괜찮아'라고 여유롭게 생각했지만, 이제는 '시간이 꽤 흘렀는데, 이 정도면 좀 잘해야 하는 거 아닌가?' '왜 나는 남들만큼 안 될까?'라는 조바심이 들었다. 영성 신학자 리처드 포스터는 말한다. "조급함은 마귀적인 것이 아니라, 마귀다." 성경 잠언 29장 20절에도 "네가 말이 조급한 사람을 보느냐, 그보다 미련한 자에게 오히려 희망이 있느니라"라고 하여, 결핍의 감정인 조급함보다는 미련함이 낫다고 단언한다. 다시금 카프카의 말을 생각한다. "조급함은 죄다."

스토아 철학자들은 조급함을 다스리는 방법을 제시했다. 에픽테토스는 "우리가 통제할 수 있는 것은 우리의 생각과 행동뿐"이라며, 현재에 집중하라고 했다. 세네카는 "어떤 일이 일어났을 때, 그것에 대한 해석이 중요하다"고 말했다. 즉 상황 그 자체보다 그것을 받아들이는 우리의 태도가 더 중요하다는 것이다. 마르쿠스 아우렐리우스는 자연의 흐름을 받아들이라고 했다. 모든 일이 자연스럽게 흘러간다는 것을 인정할 때, 조급함은 사라진다. 내 평영 발차기도 그 흐름 속에서 언젠가 자연스럽게 나아가게 될 것이다.

강습을 빠지지 않고 꾸준히 나오는 회원은 나와 두 명의 여성 회원이다. 무언가를 성취하는 가장 중요한 비결은 꾸준함이다. 사람들은 이 꾸준함을 위해 동기부여 강의를 듣고 재미를 찾지만, 결국 본질은 단순하다. 성공한 사람들은 '포기하지 않는 것'이 핵심이라고 말한다. 하고 싶지 않을 때, 지루해질 때, 그때가 더욱 해야 하는 순간이라고 자신을 설득하며 그저 계속해야 한다는 것이다.

어떤 일이 어려운 것은 익숙하지 않기 때문이다. 누구나 타는 자전거도 처음 배우는 사람에게는 무척 어렵듯이 말이다. 하지만 익숙해지는 순간, 그것은 더 이상 어려운 일이 아니다.

나도 금세 평영 발차기를 터득했다고 말할 수 있다면 얼마나 좋을까? 그래도 처음보다는 답답하지 않았다. 아주 조금씩 나아가고 있다는 것이 느껴진다. 대나무는 몇 달 만에 폭발적으로 자라는 것처럼 보이지만, 실은 오 년 동안 땅속에서 뿌리를 키운다고 한다. 겉으로 보이는 변화가 없을 뿐, 대나무 씨앗은 땅속에서 치열하게 성장하고 있는 것이다. 내 평영 발차기도 어쩌면 대나무같이 성장하지 않을까. 나는 오늘도 그렇게 조급한 마음을 다독이며, 조용히 발로 물을 짜주고 있다.

수영장의

작은 영웅들

토요일 오후 네 시, 수영장이 평소보다 조금 한산했다. 나는 평영 발차기를 연습하기 위해 청소년 레인으로 향했다. 여전히 평영에 속도가 나지 않아 답답해하며 겨우겨우 25미터 지점에 도착했다. 발차기 한 번에 십 센티미터도 채 나가지 않는 것 같아 좌절스러웠다. 그때 안전요원이 다가와 친절하게 말했다.

"선생님, 여긴 아이들 레인이에요. 평영 발차기에 아이들이 다칠 수도 있으니 옆 레인에서 연습해주세요."

행동을 제지당했음에도 전혀 불쾌하지 않았고, 오히려 친절히 안내해주어 감사한 마음까지 들었다. 즉시 초급 레인으로 옮겨 연습을 이어갔다. 갈 때는 자유형으로, 돌아올 때는 숨 쉬기 편한 배영으로, 거의 다 와서야 평영 발차기를 연습했다. 출발부터 평영을 하면 너무 느린 속도 때문에 뒤따라오는 사람들을 기다리게 할까 걱정됐기 때문이다.

수영할 때 자주 떠오르는 말이 있다. "생각하는 것은 숨을 참는 것만큼 어렵다." 어떤 작가의 말인데, 글을 쓰는 그에게는 생각하는 것이 곧 일이니 자기 일이 그만큼 어렵다는 뜻이다. 수영을 시작한 지 사 개월이 지났지만, 나는 여전히 왕복 두 바퀴만 돌아도 숨이 턱까지 차올라 헐떡거린다. 그러니 나는 병아리 수영인으로서 이렇게 말하고 싶다. "숨을 참으며 수영하는 것은 생각하는 것보다 훨씬 어렵다."

25미터 레인을 세 바퀴 정도 돌고서 출발 지점에서 잠시 숨을 고르고 있을 때였다. '풍덩' 하는 큰 물소리가 들렸다. 수영장에 있는 모든 사람들이 놀라 그쪽을 바라보았을 정도였다. 잠시 뒤 안전요원이 물에 빠진 꼬마 아이를 건져내 번쩍 들어 올렸다. 일고여덟 살 정도 되어 보이는 아이는 살짝 놀란 듯했지만 별다른 이상은 없어 보였다. 곧 다른 안전요원도 달려와 아이를 쓰다듬으며 진정시켰.

잠시 후 아이의 엄마가 오자 안전요원은 젖은 옷을 짜며 상황을 간단히 설명했다. 엄마는 아이를 유아용 풀로 데려가면서 몇 번이나 괜찮냐고 물었지만, 아이가 멀쩡했기에 그 상황이 얼마나 위험했는지 실감하지 못하는 듯했다.

어린아이들이나 수영을 잘 못하는 사람들은 깊지 않은 물에서도 익사할 수 있다고 한다. 사람이 물을 먹으면 몸이 뜨지 않고, 당황해서 더욱 허우적거리다 물속으로 가라앉기 때문이다. 아마도 안전요원은 아이가 물속에서 떠오르지 않는 것을 보고 즉시 뛰어들었을 것이다. 처음 수영장에 왔을 때, 레인 옆 높은 의자에 앉아 있는 안전요원의 존재만으로도 안심이 됐던 기억이 있다. 그들은 수영장을 천천히 돌아다니며 주의를 기울이고, 위험을 예방하려고 한다. 이날도 평영 발차기가 아이들에게 위험할 수 있음을 나에게 친절히 알려주었고, 물에 빠진 아이를 신속하고 정확한 행동으로 안전하게 지켜냈다.

만약 안전요원이 아이를 조금이라도 늦게 발견했다면 큰일이 되었을지도 모른다. 결국 이 일이 '별일 아닌 사건'으로 마무리된 것은 안전요원의 신속한 대응 덕분이었다.

너무나 순식간에 일어난 일이었기에 아이 엄마는 안전요원에게 감사하다는 말을 전할 기회를 놓친 듯 보였다. (물론 이후에 감사 인사를 전했을 수도 있다.) 나는 그 안전요원에게 어떻게든 정말 큰일을 해냈다고 칭찬해주고 싶었다. 그래서 초급 레인 출발 지점에서 안전요원을 계속 바라보며 그와 눈이 마주치기를 기다리다가 엄지손가락 두 개를 나란히 세워 보였다. '최고!' 그러자 그는 쑥스러운 듯 미소 지으며 고개를 살짝 숙였다. 그를 칭찬해줄 수 있어 기뻤다. 아마 안전요원도 자신의 행동에서 보람을 느꼈을 것이다. 이런 뿌듯함은 오래도록 간직할 가치가 있다.

스토아 철학은 예방이 치료보다 중요하다고 가르친다. 하지만 예방에 실패하여 사건이 발생해도 적극적으로 수용하라고 강조한다. 그것이 삶을 살아가는 최고의 방법이라면서.

크고 작은 일이 매일같이 벌어지는 세상이다. 그런데 작은 일도 두 개 이상 동시에 발생하면 큰일이 될 수 있다. 다행히 우리 곁에는 다른 이들의 안전을 지키기 위해 최선을 다하는 사람들이 있다. 세상은 늘 삐걱거리지만, 이들의 적절한 행동 덕분에 우리의 일상이 지켜지고 있는 것이다. 이들이 있어 우리는 오늘도 아무 일 없는 것처럼 살아간다. 다시 한 번, 꼬마 아이를 번쩍 건져 올린 안전요원에게 깊은 감사를 전한다.

완전히 소진해야만

충만해진다

정오의 자유 수영 시간. 최상급 레인에서 물살을 가르며 오가던 아저씨와 아주머니가 갑자기 격렬하게 말다툼을 벌이기 시작했다. 두 사람은 각자 상대방이 자신의 수영을 방해했다며 안전요원에게 거세게 항의했다. 잠시 후 아저씨는 안전요원에게도 언성을 높이기 시작했고, 아주머니는 조용히 자리를 떠났다. 한바탕 소동이 지나간 뒤에도 수영장 공기에는 여전히 팽팽한 긴장감이 감돌았다.

 그때, 한 할머니가 다가와 내게 말을 걸었다. 웅성거리는 수영장 소음 때문에 정확한 내용을 알아듣지는 못했지만, 표정을 보아하니 내가 장년층 레인에 있는 것이 불편하다는 뜻 같았다. 무언가 말을 해야 하나 고민했지만, 굳이 감정을 드러낼 필요는 없다고 생각했다. 그래서 그저 가만히 바라보고는 조용히 다른 레인으로 자리를 옮겼다.

사람은 상대의 표정과 말투, 심지어 숨소리만으로도 자신을 어떻게 대하는지 감지한다. 그래서 작은 오해가 생기기도 하는데, 평소 같으면 그냥 넘어갈 일이 긴장된 분위기에서는 쉽게 갈등으로 번지기도 한다. 마치 물에 던져진 작은 돌멩이가 연속된 파문을 일으키듯이.

샤워실에서는 이런 일이 있었다. 수영복을 탈수하고 있는데 옆에 서 있던 육십 대쯤 되어 보이는 아저씨가 내게 툭 던지듯 말했다. "아직 멀었어? 일 분, 아니 삼십 초면 돼." 탈수기를 오래 돌릴 필요가 없다는 것이었다. 그런데 문득 이런 생각이 스쳤다. '왜 반말을 하지? 내가 그렇게 어려 보이나? 만약 내가 덩치가 크거나 나이가 더 들어 보였다면 이렇게 말했을까?' 순간 "왜 반말하세요?"라고 묻고 싶었지만, 괜한 신경전을 벌이기 싫어 참았다. 대신 담담하게 답했다. "탈수기 돌린 지 삼십 초 정도 됐어요!" 그러자 그는 그저 미소 지을 뿐이었다. 아마도 내 반응에서 미묘한 반감을 감지했으리라. 이후 더 이상의 대화는 없었다.

며칠 뒤, 다시 수영장에서 그를 마주쳤다. 이번에는 그가 수영하는 모습을 지켜보며 출발 지점에서 기다렸다가 먼저 말을 걸었다. "왜 이렇게 체력이 좋으세요?" 그를 바라볼 때마다 내 안에 일어나는 부정적 감정을 바꾸고 싶었기 때문이다. 일종의 '적을 내 편으로 만드는' 전략이었다고 할까.

그의 이야기를 들어보니 68세라고 하여 조금 놀랐다. 그제야 내게 반말을 한 것이 조금은 이해되었다. 오랜 세월을 거쳐 온 사람이니 후배를 스스럼없이 대하는 태도가 자연스러웠을지도 모른다.

다른 영법은 손동작이 70퍼센트를 차지하지만, 평영은 발차기가 70퍼센트다. 당연히 손동작보다 발동작이 중요하다. 하지만 아직도 내 평영은 원하는 속도를 내지 못한다. 강사는 손동작 후 머리를 먼저 물에 넣듯이 해야 한다고 조언했다. 처음에는 모호했지만, 평영을 해온 시간이 어느 정도 누적되면서 강사의 말이 더 잘 들리기 시작했다. 어떤 것이든 노력과 시간이 일정 이상 투입되면 결국 보이기 시작하는 법이다.

유튜브에는 더 빠르고 효율적으로 수영하는 법을 알려주는 영상이 많다. 하지만 나는 체력을 덜 쓰기보다 체력을 끝까지 소진하는 것을 목표로 한다. 수영을 운동으로 생각하기 때문이다. 완전히 지쳐야만 더욱 강해지는 법이니까. 수영을 마친 후엔 온몸이 녹초가 되지만, 다음 날이면 더 강해진 심신을 느낀다. 이 원리는 삶에도 적용된다. 성장하려면 체력을 아끼는 것이 아니라, 한계까지 밀어붙여야 한다. 물론 쉽지는 않다. 힘들어지기보다는 편하고 싶다는 욕심이 늘 이긴다.

스토아 철학은 역경과 어려움을 통해 인간이 단련된다고 말한다. 세네카는 "어려움은 강한 사람을 단련시킨다"고 했고, 에픽테토스는 "어려움에 직면하지 않고서는 아무도 자기 자신이 얼마나 강한지 알 수 없다"고 말했다. 우리가 삶에서 마주하는 크고 작은 갈등과 오해, 불편함 또한 정신적 단련의 일부다. 수영장에서 겪은 작은 해프닝들도 결국 나를 단련시키는 과정이다.

마르쿠스 아우렐리우스는 "장애물이 곧 길이 된다"며 장애물을 피하지 않고 받아들이며 극복하는 과정에서 우리가 더욱 강해진다고 강조한다. 마치 수영 후 녹초가 된 몸으로 샤워를 마치고, 의자에 앉아 책을 읽을 때 느끼는 만족감처럼 완전히 소진된 후의 충만한 기분이야말로, 우리가 더욱 강해졌다는 증거가 아닐까.

드디어 접영 수업, 그리고 잠시 안녕

'과연 내가 이 영법을 해낼 수 있을까?' 수영을 시작할 때만 해도 접영은 넘을 수 없는 벽처럼 느껴졌다. 수영을 꽤 배운 사람만이 도전할 수 있는 영법, 그것이 접영이었다.

이번 주부터 한 팔 접영을 배우기 시작했다. 한쪽 팔로 물을 저으며 몸을 웨이브하기를 반복했다. 미리 영상을 보며 감을 익혔던 덕분인지, 생각보다 어렵지는 않았다. 수업이 끝난 후 자유 수영 시간에 두 팔 접영에 도전해보았다. 예전에는 강습에서 배우지 않은 동작을 스스로 연습하는 것이 왠지 부담스러웠다. 마치 학창 시절 혼자 몰래 공부하다가 주변의 시선을 의식했던 순간처럼. 하지만 이제 기초를 익혔으니 망설일 이유가 없다. 물살을 가르며 자유롭게 연습했다.

접영은 팔을 길게 뻗었다가 천천히 내리며 가슴 높이에 이르렀을 때 물을 강하게 밀어야 한다. 허벅지까지 물을 밀어낸 후 다시 팔을 머리 위로 뻗는다. 다른 영법보다 확실히 체력 소모가 컸다. 상체 운동 중 단연 최고는 접영일 것이다. 팔과 어깨 근육이 빠르게 지쳐갔지만, 묘한 희열이 있었다. 마치 중급 이상의 실력자로 인정받는 느낌이랄까.

오늘 수영장 벽면에 붙은 공사 안내문을 보았다. 이번 달이 끝나면 내부 공사를 위해 삼 개월간 수영장 문을 닫는다고 했다. 오늘로부터 딱 보름 후면 한동안 더 이상 이곳에서 수영할 수 없게 된다고 생각하니 수업이 더욱 소중하게 여겨졌다. 남은 시간 동안 어떻게든 접영을 완전히 익히고 싶었다.

공사 전 마지막 수업 날 강사는 접영 동작의 세밀한 부분을 짚어 주었다. 리커버리할 때 엄지손가락부터 물속에 넣어 저항을 최소화하라는 조언이 특히 인상적이었다. 하지만 마지막 날까지도 내 자세는 만족스럽지 못했다. 그래도 접영까지 대강 익혔으니, 이제 수영의 기본은 다 배운 셈이다. 다만 오픈턴을 배울 기회가 있었으면 좋겠다고 생각했는데, 마치 내 마음을 읽기라도 한 듯 강사는 수업 종료 15분을 남기고 오픈턴을 급히 알려주었다.

강사는 오픈턴을 익히면 수영을 멈추지 않고 계속 이어갈 수 있다며 동작을 분할해 설명해주었다. 벽에 손을 짚고, 다리를 오므리며 몸을 비틀고, 발바닥으로 벽을 강하게 차는 동작. 유튜브에서 수없이 보았던 장면이기에 쉽게 이해할 수 있었다.

마침내 수업을 마쳤을 때 우리는 둥글게 모였다. "삼 개월 후에 다시 만나자!" 강사가 밝은 목소리로 선창하자 우리는 손을 모아 위로 뻗으며 외쳤다. "파이팅!" 그 순간, 가슴 한편에서 묘한 감정이 밀려왔다. 팔 개월간 함께했던 수영 일정이 이렇게 잠시 휴지기에 들어간 것이다.

사물함 열쇠를 반납하고 짐을 챙겨 나서는 길, 문득 첫 직장에서 퇴사하던 순간이 떠올랐다. 동료들보다 먼저 퇴근해 조용한 지하철에 몸을 실었을 때 느꼈던 허전함, 무언가 끝나버렸다는 아쉬움. '마지막'이라는 말은 언제나 애틋하다. 마지막이 온전히 기쁘기만 한 경우가 있을까?

그해 여름, 수영을 배운 후 처음으로 바닷가에서 '제대로 된 수영'을 해보았다. 배영 자세로 바다에 떠 하늘을 바라보는 순간, 그리고 아직 서툴지만 접영을 시도하는 순간, 모든 것이 환상처럼 느껴졌다. 어린 시절, 광안리와 해운대까지 자전거를 타고 가 친구들과 물장구를 치며 놀던 기억이 떠올랐다. 정작 그때는 제대로 수영할 줄 몰랐는데, 그 아쉬움을 중년이 되어서야 풀었다. 그 시절, 해운대와 광안리 해수욕장 주변에는 탁구장이 많았다. 물놀이를 마치고 탁구를 한 판 친 뒤, 다시 자전거를 타고 집으로 돌아오는 것이 방학의 일상이었다.

에픽테토스는 말한다. "좋은 일은 하룻밤 사이에 이루어지지 않는다. 만일 당신이 지금 무화과를 원한다면, 나는 서두르지 말라고 할 것이다. 먼저 꽃이 피고, 그다음 열매가 맺히고, 마지막에 익게 하라." 자연에는 속도가 있다. 우리는 우리의 기대치를 그 속도에 맞춰 조정해야 한다. 빠른 해결책을 찾으려다 보면 결국 아무것도 얻지 못하게 된다. 서두르면 오히려 지쳐 포기하기 쉽다. 장기적인 목표에 눈을 고정하고 자연의 흐름을 받아들이며 그 과정을 즐기는 것, 그것이 결국 원하는 결과를 얻는 비결이다. 위대한 건축물들은 오랫동안 그 설계를 머릿속에 그려온 사람들이 지은 것이다. 마찬가지로 우리의 삶도 지속적으로 꿈꾸고 바라볼 때 비로소 아름답게 지어질 것이다.

수영과 함께한 지난 팔 개월 동안 겨울과 봄, 그리고 여름 총 세 번의 계절이 내 곁을 스쳐 지나갔다. 무더운 여름날, 수영을 하고 녹초가 된 몸으로 도서관에 가 지친 몸을 의자에 기대고 차가운 에어컨 바람을 맞으며 이어폰에서 흘러나오는 음악을 들었던 순간들이 떠오른다. 그때마다 나는 마치 작은 천국에 있는 듯했다.

물에 뜰 것 같지도 않았던 내가 이제는 수영을 즐길 수 있게 되었다. 빨리 가는 지름길을 찾기보다 천천히 돌아가는 길을 택했기 때문일 것이다. 값진 기쁨은 언제나 그렇게 천천히 익어간다.

나는

　　이불 속에서　몸을

콧속을 파고드는 수영장의 염소 냄새. 무려 넉 달 만이었다. 샤워를 하고 수영모와 수경을 잘 갖춰 쓴 내 모습을 거울을 통해 바라보았다. 레인마다 '중간 속도' '느린 속도' '빠른 속도' '강습'이라는 안내판이 붙어 있었고, 빨간 옷을 입은 안전요원들이 주위를 살피며 천천히 걸어 다녔다. 나는 그들에게 가볍게 목례한 후, '빠른 속도' 레인으로 들어갔다.

　숨을 깊이 들이마신 뒤 상체를 물속으로 밀어 넣고 두 다리로 레인 벽을 힘껏 차며 앞으로 나아갔다. 물속은 주변의 소리가 차단되어 고요한 진공 상태. 새삼 실감 났다. '내가 다시 수영하고 있구나!' 팔을 저으며 계속 힘차게 발길질을

따뜻하게 하려고

태어난 존재인가?

했다. 하지만 중간쯤 도달했을 때, 갑자기 허벅지 뒤쪽이 뻐근해졌다. 축구 선수들이 햄스트링 부상을 당해 절뚝이는 모습이 떠올랐다. 어깨 근육에서도 미세하게 찌릿찌릿한 통증이 느껴졌다. 몇 달간 사용하지 않은 근육들이 경고 신호를 보내고 있었다.

가까스로 레인 끝에 도착했다. 근육을 주무르며 다른 사람들이 수영하는 모습을 지켜보다가 조용히 '느린 속도' 레인으로 자리를 옮겼다. 이번에는 아주 천천히 자유형을 하다가 몸을 돌려 배영을 시도했다. '잊어버리진 않았겠지?' 하는 마음이었다. 수영장 천장을 바라보며 나아가다가 속도를 내려고 팔을 빠르게 돌렸다. 그 순간 얼굴이 물에 잠기면서 입 안으로 물이 확 들어왔다. 깜짝 놀라 허겁지겁 몸을 돌려 다시 자유형을 시작했다.

사실 오늘은 집의 샤워 시설이 고장 나는 바람에 어쩔 수 없이 수영장을 찾았다. 하지만 전날 밤 수영복과 수경, 수영모를 챙기면서 어릴 적 소풍을 앞둔 밤의 설렘을 느꼈었다.

약 사십 분간 수영한 후, 어린이 풀장 옆에 앉아 숨을 골랐다. 내 얼굴이 창백해 보였는지 안전요원이 다가와 물었다. "괜찮으세요?" 나는 가볍게 웃으며 "네. 오랜만에 운동하니 많이 힘드네요"라고 말한 뒤, 원래 목적지였던 샤워장으로 향했다.

깨끗이 씻고 나오자 시원한 바람이 얼굴을 스쳤다. 그 순간, 나도 모르게 입에서 이런 말이 흘러나왔다. "내 인생에서 가장 완벽한 순간이야." 이런 기분을 맛볼 수 있다는 것은 정말 엄청난 일이다. 어떤 일을 완수했을 때도, 멋진 결과물을 냈을 때도, 누군가에게 칭찬을 받았을 때도 '완벽하다'고 느낀 적은 없다. 심지어 로또에 당첨된다 해도 완벽한 순간이라 느낄 수 있을지 장담할 수 없다.

수영 후 이토록 충만한 감정을 느낀 것은 아마도 수영이 가져다주는 완전한 몰입 때문일 것이다. 출발 지점에서 도착 지점까지 가는 동안에는 일상의 걱정거리나 잡념이 끼어들 여지가 없다. 오직 저기까지 가야 한다는 일념으로 몸을 움직이는 몰입의 순간이 신체를 건강하게 한다. 거기에 샤워로 몸을 깨끗하게 한 뒤 밀려오는 상쾌함까지 더해지면서 완전한 행복감을 느끼게 되는 듯하다. 결국 우리가 행복감을 느끼는 순간은 온전히 하나의 행위에 빠져 다른 생각이 들어오지 못할 때다. 독서에 집중할 때, 사랑하는 사람을 떠올리며 온 마음이 그에게 향할 때, 설렘으로 가득한 소풍 전날 밤. 이런 때야말로 가장 완벽한 순간이다.

몇 달 전부터 '운동을 해야 하는데…'라고 생각만 했지 선뜻 실천에 옮기지 못했다. 그러던 중 우연히 수영장에서 유용할 것 같은 가방이 눈에 들어왔다. 가격도 저렴해 망설임 없이 주문해두고서 다시 수영장에 나가기 시작했다. 그러던 중에 샤워장에서 내가 주문한 것과 같은 가방을 사용하고 있는 사람을 보았다. 색깔만 다를 뿐 똑같은 제품이었다. '실제 크기는 저 정도구나!' 생각하며 가방을 힐끔힐끔 살펴보았다.

　우리는 어떤 일을 시작하려면 큰 결심과 의지가 필요하다고 생각하지만, 때때로 작은 물건 하나가 계기가 되기도 한다. 나에게는 그것이 수영 가방이었다. 마르쿠스 아우렐리우스는 "아주 작은 행동들조차 하나의 목표를 향해야 한다"고 말했다. 목표를 향한 작은 행동 하나하나가 방향을 결정짓는다는 것이다. 작은 수영 가방이 나를 다시 수영으로 이끌었던 것도 결국 내 마음속에 이미 수영을 향한 갈망이 자리 잡고 있었기 때문일 것이다.

우리가 어떤 일을 미루는 이유는 여러 가지가 있겠으나, 근본적으로는 '저항' 때문이라 할 수 있다. 너무 커 보이는 목표와 실패에 대한 두려움이 첫걸음 내딛는 것을 방해하기 때문이다. 마르쿠스 아우렐리우스도 아침마다 침대에서 일어나기가 싫었고, 그럴 때마다 스스로에게 물었다고 한다.

나는 이불 속에서 몸을 따뜻하게 하려고 태어난 존재인가?

그는 로마 황제라는 권력을 가지고도 안락한 침대 속에 머무르는 것은 옳지 않다고 여겼다. 가치 있는 일을 위해 노력하고, 그 가치를 삶에 반영하며, 타인에게 모범을 보이는 것은 자랑스러운 일이다. 스토아 철학자들은 이 점을 강조한다.

세네카는 "사소한 행동도 꾸준히 지속되면 결국 큰 변

화를 가져온다"고 말한다. 거창한 계획보다는 작은 실천이 더 지속하기 좋다. 하루 한 시간씩 헬스장에서 운동하겠다는 결심보다는 집에서 매일 십 분씩 운동하는 것이 더 현실적이고, 하루 한 권씩 책을 읽겠다는 다짐보다 하루 다섯 줄을 읽는 편이 더 실천 가능하다. 무엇을 시작하려 한다면 작은 물건 하나를 정성스럽게 마련하는 것도 좋은 방법이다. 그것만으로도 시작을 위한 에너지를 얻을 수 있다.

이 글을 쓰는 지금도 팔과 허벅지 근육이 뻐근하다. 하지만 그 묵직한 피로감마저도 기분 좋다.

물   한 잔과

얼굴이 누렇게 뜨고 땀이 뚝뚝 떨어졌다. 고등학교 시절 체육 시간에 갑자기 오래달리기를 했을 때처럼 어지럽고 속이 메스꺼웠다. 빨리 집으로 돌아가 쉬어야겠다고 생각했지만, 서 있을 힘도 없었다. 화장실에 갔지만, 앉아 있는 것도 고역이었다. 머릿속이 하얘지며 금방이라도 쓰러질 것 같았다. '여기서 쓰러지면 늦게 발견될 텐데!'라는 위기감까지 들어 화장실 문을 붙잡고 겨우 밖으로 나왔다. 그런데 너무나 감사하게도 안전요원이 세면대에서 손을 씻고 있었다.

그에게 말했다. "지금 속이 너무 울렁거려서 서 있을 수가 없어요. 어떻게 해야 하나요?" 그는 내 얼굴을 보고서 심

비타민 한 포의 사색

각함을 느꼈는지 "잠시 누우셔야겠어요. 탈의실로 가시죠" 하며 나를 부축해 데려갔다. 샤워하던 사람들이 나를 걱정스럽게 바라보는 시선이 느껴졌고, 그 와중에도 나는 헐벗은 채로 부축받고 있는 상황이 몹시 어색하고 부끄러웠다.

감기 몸살로 며칠간 고생했고 또 전날 밤 고민거리가 있어 새벽까지 잠을 이루지 못했다. 그래서 몸이 찌뿌둥하고 무거웠지만, 이런 기분과 상태를 떨쳐내고 싶어서 이십여 일 만에 수영장을 찾은 것이었다. 그런데 수영장에 사람도 많지 않아 평소보다 자유롭게, 그리고 강하게 레인을 돌았다. 마지막 마무리에는 25미터를 전력 질주하는 과욕도 부렸다.

급히 반바지만 걸쳐 입고, 탈의실 평상에 앉았다. 십 분 정도 앉아 있으니 어지러움과 메스꺼움이 조금씩 사라졌다. 안전요원은 내게 물 한 잔과 비타민 한 포를 건네며 말했다. "갑자기 무리하시면 이런 증상이 나타나곤 합니다. 잠시 쉬거나 누워 계시는 게 가장 좋아요." 난 고맙다는 말을 연거푸 반복했다.

사람들의 힐끔거리는 시선이 부담스러웠지만, 나는 평상에 삼십 분 넘게 앉아 있었다. 두 가지 생각이 스쳤다. '나이를 먹으니 예전 같지 않구나!'라는 자조와 '이 경험을 글로 남겨야겠다'는 생각.

> 당신에게 일어나는 일 그 자체는 중요하지 않다. 중요한 것은 그 일에 어떻게 반응하느냐다.

에픽테토스의 이 말을 떠올리며 첫 번째 생각을 이렇게 바꿨다. '나이와 상관없이 무리하면 누구나 이렇게 되겠지!'

통제할 수 없는 '나이'가 아닌 통제 가능한 '반응'에 집중하기로 한 것이다. 만약 '이제 나이를 먹었으니 무리하지 말아야겠다'고 결론 내렸다면, 자연스럽게 운동량을 점점 줄였을 것이다.

이날 무리하게 수영한 이유는 어느 책에서 '체력을 기르려면 가끔은 한계까지 도전해야 한다'는 조언을 읽었기 때문이다. 매일 같은 강도로 운동해서는 큰 효과를 볼 수 없으며, 때때로 운동 강도를 높여서 무리해줘야 체력이 향상된다는 것이다. 세네카는 어려움이 마음을, 고된 노동이 몸을 단련한다고 했다. 고통스러운 순간은 견디기 어렵지만, 그 과정을 버티면 반드시 성장한다는 것이다.

스토아 철학은 어떤 상황에서도 선택은 우리 몫이라 말한다. 고통 앞에서 좌절하며 자신 또는 타인을 탓할 것인가, 아니면 몸과 마음을 단련할 기회로 삼을 것인가. 중요한 것은 사건 자체가 아니라, 그것에 어떤 의미를 부여하고 어떻게 반응하느냐다. 어떠한 경험도 그 자체로 성공이나 실패의 원인이 되지는 않는다는 것이다.

우리는

수영을 마치고 탈의실에서 머리를 말리고 있는데 누가 말하는 소리가 들렸다. "안, 녕, 하…." 하지만 헤어드라이기 소리에 묻혀 잘 들리지 않았다. 조금 후 다시 말을 걸어 오는 소리가 들려 돌아보니, 키가 180센티미터쯤 되는 청소년이 나에게 인사를 한다. 덩치는 컸지만, 말투와 행동이 어린아이 같았다. 불식간의 일이라 살짝 당황했지만, 인사에 답해야겠다는 생각이 들었다. "그래요, 안녕하세요? 수영 다 했어요?" 그가 이어서 뭐라고 말했지만 난 알아듣지 못했다. 내가 "다음에 또 봐요"라고 말하자 그는 얼굴을 돌리며 다시 "감, 사, 합, 니, 다"라고 한 음절 한 음절 또박또박 끊어 말했다.

거센 파도 위에 있다

평일 낮 거리를 걷다 보면 덩치는 크지만 정신발달이 더딘 아이들이 부모의 손을 잡고 걷는 모습을 종종 보곤 했다. 그런데 수영장에서 이렇게 만나 이야기를 나누게 될 줄은 몰랐다. 나를 모르는데 먼저 인사하는 것도 조금 놀라웠다. 아마도 아이는 자신의 방식대로 세상에 적응하고 있는 것일 터다. 우리 모두 그러듯이.

무언가가 부족하거나 당신에게 불리한 영향을 끼친다고 한탄하는 것은 어리석다. 죽음과 질병, 사고 등 인간에게 영향을 끼치는 모든 것에 놀라거나 분노해서는 안 된다.

> 우주가 당신을 무슨 수로 방해하든 머리를 높이 들고 받아들여라. 피할 수 없는 것 때문에 괴로워하지 말라.

우리는 역경을 피하려고 하지만, 감당하지 못할 역경은 늘 우리를 찾아온다. 세네카의 이 글을 읽으며 난 고개를 높이 쳐들어 천장을 보았다.

마르쿠스 아우렐리우스도 비슷한 교훈을 전한다. 우리가 인생에서 나쁜 일이 일어나지 않기를 바라는 것은, 마치 한쪽 눈으로 녹색만 보고 싶어 하는 것처럼 어리석은 일이라는 것이다. 눈이 모든 색을 받아들이듯이, 우리도 삶이 주는 모든 경험을 받아들여야 한다는 것이다.

고통스러운 상황을 만나면 처음에는 불쾌한 감정이 드는 것이 자연스럽다. 하지만 부정적인 감정은 사건 자체보다 훨씬 더 해로울 수 있다. 아우렐리우스는 이렇게 덧붙인다.

> 그 오이가 쓴가? 그렇다면 집어던져라. 가는 길에 덤불이 있는가? 돌아서 가라. 그대가 알아야 할 건 이것뿐이다. 이유를 알려달라고 하지 말라. 세상을 이해하는 사람이라면 그대를 비웃을 것이다. 이것은 목수가 작업실에서 톱밥을 보고 화를 내는 것과 같다.

역경에 직면했을 때는 비난을 멈추는 것이 중요하다. 예상치 못한 일이 닥치면 우리는 원인을 규명하려 하며 자신과 타인을 탓하기 쉽다. "그 사람이 그렇게 하지만 않았다면" 혹은 "내가 그때 그렇게 하지 않았더라면" 하는 후회가 비난으로 이어지고, 결국 분노를 낳는다. 그러나 비난은 실수를 통해 배울 기회를 가로막을 뿐이다.

삶은 끊임없이 우리에게 거센 파도를 던진다. 우리는 그 파도를 경험하며 어금니를 질끈 깨물고 팽팽한 다리 근육으로 균형을 잡는다. 그렇게 나아가는 법을 배우는 존재가 우리들이 아닐까.

제5장

물속을
자유롭게 유영하며

우리는 오늘도

"몇 년 동안 체중계는 잠을 자고 있네요." 탈의실에서 한 사람이 체중계에 올랐다가 내려가며 툭 던지듯 말했다. 몇 년 동안 몸무게 변화가 없다는 것을 문학적으로 표현한 것이다. 그 말을 듣자 나도 슬며시 미소 짓게 되었다. 그와 함께 어울리는 육십 대 중반의 두세 명이 웃으며 맞장구친다. "와, 목사님 대단하시네요!" 이들은 수영을 끝내고 나면 매번 이렇게 탈의실에서 이야기꽃을 피운다.

그러나 그 평온한 분위기는 곧 거친 욕설과 함께 깨져버리고 말았다.

"아니, 왜 문이 안 열리는 거야! 어휴, 썅!"

비열한 인간들을

만날 것이다

육십 대 초중반쯤으로 보이는 통통한 아저씨가 탈의실 옷장 문이 열리지 않는다며 화를 내고 있었다. 그는 씩씩거리며 탈의실에 있는 전화기를 들어 관리실에 전화를 걸었고, 통화가 되지 않았는지 수화기를 집어던지다시피 하며 꽝 소리가 나게 내려놓았다. 얼마 지나지 않아 순한 얼굴을 한 직원이 찾아왔다.

그는 직원에게 대뜸 욕설을 퍼부었다.

"야, 이 새끼야! 내가 늦어서 1억을 손해 보면 너희가 물어줄 거야?"

그 말을 듣는 직원은 그저 고개를 숙인 채 아무런 말도

하지 않았다.

저렇게까지 할 필요가 있나? 얼른 옷을 챙겨 입고 한마디해주기로 마음먹었다. 그러나 그러는 사이에 그는 용무를 다 마친 듯 "확 다 뿌셔버릴라!"라고 소리를 지르며 문을 쾅 닫고 나가버렸다.

기계도 가끔씩 작동하지 않을 때가 있는데, 탈의실 옷장 문도 한 번씩 고장 날 수 있는 게 아닌가. 그건 어쩔 수 없는 일 아닌가. 물론 급한데 관리실에서 바로 전화를 받지 않아 답답했을 수도 있지만, 아무리 그래도 이렇게 폭언을 쏟아내는 것은 절대 옳지 않다. 나는 멍하니 서 있는 직원에게 다가가 조용히 말했다.

"원래 저런 사람이 있어요. 너무 마음 쓰지 마세요." 그는 애써 미소 지으며 말했다. "네. 한 귀로 흘리면 되죠. 뭐!"

이 '갑질 상황'을 목사라는 사람과 그 일행들이 지켜봤지만, 아무도 제지하지 않았다. 내가 직원을 위로하고 나가려 할 때, 그저 나를 슬쩍 쳐다볼 뿐이었다.

인간은 자신보다 약해 보이는 사람을 찍어 누르려는 본능이 있다. 만약 그 직원이 험악하게 생겼거나 자신보다 지위가 높았다면 그는 절대 그렇게 함부로 행동하지 못했을 것이다. 하지만 결국 감정을 조절할 줄 아는 존재가 사람인데도 그렇게 행동했다는 것은, 그 순간 자신의 비열함을 드러낸 것이다.

로마 황제이자 철학자였던 마르쿠스 아우렐리우스는 이렇게 말한다.

> 참담하고, 배은망덕하고, 무례하고, 충성스럽지 않고, 거짓되고, 이기적인 사람을 오늘도 만날 것이다.

그는 매일 아침 세상에서 맞이할 사람들의 부정적인 면을 예상하며 하루를 시작했다고 한다. 또한 그런 사람들을 만났을 때 어떻게 대응할지도 미리 계획했다.

> 그들 중 누구도 나를 해치거나 악한 일에 연루시킬 수 없다. 따라서 나도 그들에 대한 증오심을 품어서는 안 된다.

타인의 비열함에 휘둘리지 않고 자신의 내면을 지키는 법을 철저히 연습했던 것이다.

스토아 철학자들은 또한 운명의 변덕스러움에 대해서도 경고한다. "운명의 여신이 우리에게 미소를 보낼 때, 우리는 그녀의 분노에 대비해야 한다." 그들은 모든 순간 삶이 변할 수 있음을 항상 염두에 두고, 그에 맞서 스스로 준비했다.

수영장을 다니면서 불편한 모습을 왕왕 보았다. 너무 크게 떠드는 청소년들, 처음 보는 사람에게 다짜고짜 말을 놓는 사람들 등. 그러나 이처럼 노골적인 갑질을 보는 것은 처음이었다.

살다 보면 도저히 참을 수 없는 상황을 마주하게 된다. 세상은 비열함을 드러내는 사람들로 가득하다. 우리는 그들과 맞서 전투를 벌여야 하고, 또 그 속에서 평정을 유지하며 살아가는 법도 배워야 한다. 그것이 우리가 진정 인간답게 살아가는 방식일 것이다.

직원이 받았을 마음의 상처가 빨리 아물기를 바란다.

접영 리듬의 핵심은

기다림

처음 함께 수영 강습을 시작했던 사람들은 하나둘 사라지고, 어느새 낯선 얼굴들이 우리 반에 가득하다. 세상에서 가장 어려운 것은 꾸준함이 아닐까?

강사는 접영의 웨이브를 설명하며 선 자세에서 유연한 몸놀림을 선보였다. 입수 발차기를 할 때 발을 물 위로 살짝 들어 올린 뒤 아래로 눌러 엉덩이를 띄운다. 깊이 잠수한 몸은 물의 부력에 의해 자연스럽게 떠오르고, 그 순간 출수 발차기를 하며 얼굴을 내민다. 얼굴을 너무 들지 말고 배꼽을 본다는 느낌으로 호흡한다.

노하우가 있다면, 입수 발차기로 잠수한 후 1~2초간 몸을 맡긴 채 기다리는 것이다. 그러면 자연스럽게 부력이 작용하고, 출수 발차기를 할 최적의 타이밍을 몸이 스스로 알려준다. 조급해하지 않는 것이 중요하다. 기다림 속에서 접영의 리듬이 살아난다.

강사는 동작을 어려워하는 회원들에게 한 팔 접영과 풀부이를 활용해 연습하기를 권했다. 하지만 나는 박자가 맞지 않아 한 팔 접영이 힘들었고, 풀부이를 썼을 때 오히려 균형을 잡기가 더 어려웠다. 이따금 단계별로 나누어 연습하기보다 최종 동작을 직접 시도하는 것이 더 효과적일 때가 있는데, 나에게는 접영이 그랬다.

한 회원이 답답한 듯 타이밍이 잘 맞지 않는다고 하소연하자, 강사는 그를 다독이듯 말했다. "지금처럼 계속하면 됩니다. 타이밍을 잡아가는 과정이에요. 꾸준히 하다 보면 저절로 익숙해질 겁니다." 많은 사람이 '즉각적인 해결책'을 원하지만, 때로는 시행착오야말로 최고의 해결책이 된다.

며칠 전까지만 해도 제대로 하고 있다고 생각했다. 그런데 오늘은 같은 동작을 해도 뭔가 미진했다. 마치 매끄럽게 달려오던 길에 갑자기 커다란 장벽을 만난 기분이었다.

발전하지 못하고 오히려 퇴보하는 듯할 때 우리는 좌절감을 느낀다. 우리는 늘 빠르고 효율적인 길을 찾으려 하지만, 그런 지름길은 환상에 불과한 경우가 많다. 혹여 지름길을 발견해 간다 해도, 되돌아보면 성취감도, 재미도, 보람도 느끼지 못했다. 등반가가 케이블카를 타고 산 정상에 오르는 것과 비슷하다.

스토아 철학자들은 역경을 견디는 법을 여러 가지 방식으로 설명한다. 먼저 인간 존재의 하찮음을 상기하는 것이다. 우리가 사는 은하계는 거대한 우주 속 하나의 작은 점에 불과하며, 우리는 그 속의 더 작은 행성에서 살아가고 있다. 이 사실을 인식하면, 우리의 고민과 고통 역시 한없이 작아진다.

에픽테토스는 말했다. "기름을 엎지르거나 와인을 도둑맞았을 때, '나는 이렇게 적은 비용으로 마음의 안정과 평화를 얻고 있었구나!'라고 생각하라." 손톱의 작은 상처로 아무렇지 않게 보내던 일상이 흐트러지곤 한다. 다르게 생각하면 이는 우리는 작은 대가를 치르고 내면의 평화를 얻는 훈련을 할 수 있다는 의미다.

마르쿠스 아우렐리우스는 『명상록』에서 고통을 효과적으로 다루는 방법으로 '고통을 국지화하는 사고방식'을 제안한다. 이는 고통을 하나의 거대한 전체로 인식하는 대신, 특정한 부분이나 한정된 영역에만 존재하는 것으로 상상함으로써 감당할 수 있는 수준으로 축소하는 기법이다.

예를 들어, 다리가 아플 때 우리는 그 고통을 온몸으로 확장해 더 큰 괴로움을 느끼곤 하는데, 그러지 말고 '지금 이 순간, 다리의 특정 부위에만 통증이 있다'고 생각하면 훨씬 더 차분하게 받아들일 수 있다는 것이다. 마르쿠스 아우렐리우스는 이러한 태도를 통해 우리가 고통을 과장하거나 확대하여 불필요한 공포와 절망에 빠지는 것을 막을 수 있다고 보았다.

감정적 고통도 마찬가지다. 불안을 느낄 때는 '내 전체가 불안하다'라고 생각하기보다는 '내 마음의 한 부분에 불안이 존재하고 있다'라고 인식하자. 이렇게 하면 감정이 절대적이며 영원할 것 같은 느낌에서 벗어나, 보다 객관적이고 차분한 태도로 대처할 수 있다.

이는 아우렐리우스가 강조한 "고통 자체보다, 그에 대한 우리의 반응이 더 큰 고통을 만든다"는 내용과도 연결된다.

수영이 끝나갈 무렵, 내 레인에는 아무도 남아 있지 않았다. 오랜만에 황제 수영을 즐겼다. 자연은 우리에게 감당할 수 없는 고통을 안기지 않는 듯하다. 오히려 삶의 어려움은 우리가 견딜 수 있도록 설계되어 있으며, 그 과정을 지나며 우리는 조금씩 성장해가는 것 같다.

최악의 하루에도

깨달음이 깃든다

수영장에 다니면서 수영에 대한 에세이를 한 편 써서 공모전에 출품했다. 그리고 얼마 후 대상 수상자가 되었다는 연락을 받았다. 상을 받는 날 아침, 약간의 긴장감이 기분 좋은 설렘으로 다가왔다. 이 설렘이 당황으로 바뀌게 될 줄은 몰랐지만.

그날 아침 햇살은 유난히 부드러웠다. 나는 평소처럼 수영 가방을 챙겨 수영장에 갔다. 큰일이 있는 날일수록 평소의 루틴을 지키는 편이 마음을 가라앉히는 데 도움이 되기 때문이다.

물속에 몸을 담그는 순간, 언제나처럼 묘한 평온이 찾아왔다. 숨을 들이마시고 팔을 뻗으며 물살을 가를 때, 마치 세상의 소음이 수면 아래로 가라앉는 듯했다. 나에게 수영은 내면의 소란을 잠재우고, 생각을 정돈해주는 움직이는 명상이다.

그날따라 물살을 가르는 감각이 유달리 상쾌했다. 얼마 전부터 교정하고 있는 접영 자세가 몸에 익숙해지는 느낌이었다. 한참 레인을 오가며 나만의 리듬에 몰입하고 있을 때, 나를 가르치는 수영 강사가 갑자기 나타나 말했다. "자세가 정말 좋아졌네요. 일취월장인데요!" 예상치 못한 칭찬에 놀랐지만 이내 쑥스러운 미소를 보냈다. 기분 좋은 감각이 온몸에 퍼져 갔다. 오늘은 모든 것이 완벽하게 흘러갈 거라는 예감이 들었다.

수영을 마치고 샤워실로 들어섰을 때도 여전히 여유로웠다. 시상식까지는 시간이 충분히 남아 있었다. 따뜻한 물줄기 아래에서 샴푸 거품을 내며 오늘 있을 시상식 장면을 미리 그려보기도 했다. 말끔한 모습으로 단상에 서고 싶다는 생각에 평소보다 조금 더 공들여 면도를 시작했다. 그런데 바로 그 여유가, 그 잠깐의 방심이 예기치 못한 함정이었다.

조심스럽게 면도날을 움직이던 순간, 손이 미끄러지며 입술 끝에서 '찌릿' 하는 날카로운 통증이 일었다. 아차, 하는 것과 동시에 붉은 피가 샤워실 바닥에 뚝뚝 떨어졌다. 서둘러 샤워를 마치고 뛰쳐나와 휴지로 상처를 눌러 지혈했지만, 상처가 꽤 깊었기에 야속하게도 피가 계속 배어 나왔다. 시계를 보니 예상보다 시간이 훌쩍 지나 있었다. 밖으로 나왔을 때 심장은 아까 물속에서보다 훨씬 격렬하게 뛰고 있었다. 시상식장으로 향하는 발걸음이 점점 급해지고, 조급함과 당혹감이 한꺼번에 밀려와 마음을 뒤흔들었다.

결국 예정된 시간보다 십 분 늦게 시상식장에 도착했다. 숨을 헐떡이며 행사장에 들어서니 이미 사람들이 가득 차 있었다. 다들 대상 수상자인 나를 기다리고 있었던 듯했다. 나는 연신 죄송하다고 말했다.

이후 내 이름이 호명되고, 나는 진행자의 안내에 따라 무대 위로 올라가 박수 소리가 울려 퍼지는 가운데 상장과 꽃다발을 받았다. 분명 내 인생에서 손꼽힐 자랑스러운 순간이었지만, 내 신경은 온통 입술의 상처에 쏠려 있었다.

사진을 찍을 때에는 카메라 플래시가 터지기 직전까지 휴지로 입술을 누르고 있다가, "하나, 둘, 셋" 소리에 맞춰 황급히 휴지를 떼고 어색하게 웃는 표정을 지었다. 사진 찍을 때만 입술에서 휴지를 떼었다가 다시 슬그머니 갖다 대는 꼴이 스스로 생각하기에도 우스웠다.

시상식 후 점심 식사 자리는 더 고역이었다. 주최 측과 다른 수상자들이 한데 모여 이야기를 나누는 귀한 기회였지만, 나는 상처를 지혈하느라 제대로 말을 섞을 수가 없었다. 사진 찍을 때와 마찬가지로 음식을 입에 넣을 때만 잠시 휴지를 떼었다가, 다시 가져다 누르기를 반복해야 했다. 결국 준비했던 수상 소감도, 나누고 싶었던 수영에 관한 이야기도 모두 피 묻은 휴지 뒤편에서 웅얼거렸을 뿐이다.

'아, 이게 하루 종일 무슨 꼴이란 말인가!' 자책감이 강하게 밀려왔다. 왜 좀 더 조심하지 못했을까? 왜 하필 오늘 같은 날 그런 실수를 했을까? 완벽해야 할 순간을 망쳐버렸다는 생각에 속상함을 넘어 스스로가 한심하기 짝이 없었다. 기대감과 기쁨으로 시작했던 하루가 어처구니없는 실수 하나로 엉망이 되어버렸다.

에픽테토스는 말한다.

> 타인의 실수는 거듭 용서하라. 당신의 실수도 용서하되, 더 잘 행동하도록 노력하라.

타인의 실수에는 너그럽지만 정작 자신의 실수에 대해서는 가혹하게 비난하며 실수를 실패인 양 확대해석하는 경우가 있다. 오늘 내가 그랬던 것처럼 말이다. 면도날에 베인 것은 분명 불운한 사고였지만, 나는 그것을 내 부주의함의 증거로 삼아 하루 종일 자책했다. 하지만 에픽테토스의 말처럼, 이럴 때 필요한 것은 날카로운 자기비판이 아니라 너그러운 자기연민이다.

에픽테토스는 이런 말도 했다. "우리가 넘어졌을 때, 곧바로 일어나 다시 경기할 수 있다. 올림픽처럼 사 년을 기다릴 필요는 없다." 실수 한 번 하고서 자신의 인생 전체가 망가진 것처럼 생각하는 경우가 많다. 하지만 삶을 통틀어서 보면 하나의 해프닝에 불과한 경우가 대부분이다. 스토아 철학은 우리 삶에 다가오는 모든 것이 우주로부터 잠시 빌려 온 것임을 명심하라고 말한다. 언젠가 우주는 그것을 되돌려달라고 요구할 것이고, 우리는 그 요청에 담담히 응해야 한다. 마치 도서관에 책을 반납하는 것처럼 당연한 일이다. 오늘 내가 기대했던 충만한 시상식의 순간도, 결국은 잠시 내 손에 쥐었다가 반납해야 할 책 한 권이었을 뿐이다.

마르쿠스 아우렐리우스가 내게 이렇게 말해주는 듯하다.

> 우리가 소중히 여기는 모든 것은 언젠가는 나무 이파리처럼 사라질 것이므로, 기쁨에 휘둘려 지나치게 집착하지 말라. 그것이 사라졌을 때 마음의 평화를 잃지 않도록 스스로를 단련해야 한다.

에픽테토스도 덧붙인다.

> 무언가를 잃었을 때, 그 자리에서 즉시 그 사실을 받아들이고, 그것을 가질 수 있었던 시간에 감사하라.

내가 스토아 철학을 좋아하는 이유는, 슬픔을 부정하지 않는다는 점 때문이다. 스토아 철학은 감정을 억누르라고 강요하지 않는다. 오히려 세네카는 사랑하는 사람을 잃은 친구에게 말한다. "눈물이 흐르게 두라. 그러나 동시에 그 눈물을 멈추게 하라." 슬퍼하되, 슬픔을 지속적으로 상기해 그 감정에 머물지 말라는 의미다.

스토아 철학은 어떤 물건을 잃었거나 관계가 끝났을 때 슬퍼하기보다는, 그것들이 한때 내 곁에 있었다는 사실에 감사하는 쪽을 택하라고 말한다. 우린 사 년씩이나 기다릴 필요가 없다. 바로 다시 할 수 있는 것이다.

돌이켜보면 오늘 하루는 참 다채로웠다. 설렘으로 아침을 시작해 물속에서 평온함을 만끽했고, 강사에게 칭찬받아 기쁨을 느꼈다. 여유를 부리다 지각해 민폐를 끼쳤고, 뜻밖의 사고로 당혹감과 자책감에 빠지기도 했다. 살아가다 보면 완벽한 하루를 향한 열망이 스스로를 옥죄는 족쇄가 되기도 한다. 삶은 언제나 예상치 못한 일들로 우리를 시험하며, 그 대부분은 우리의 통제를 벗어나 있다. 우리가 할 수 있는 것은 오직 그 사건들에 어떻게 반응하고 어떤 태도를 취할 것인지 선택하는 일뿐이다.

그러니 나는 이렇게 생각하기로 한다. '입술의 상처는 곧 아물 것이고, 사진 속 어색한 미소는 언젠가 웃으며 이야기할 수 있는 추억이 되겠지!'

삶을
다시
시작하는

수영장 2층 휴식 공간에는 커다란 공고문이 하나 붙어 있다.

촬영 금지

그래서 내 수영 자세를 영상으로 찍어 교정하고 싶어도 그럴 수 없었다. 대신 의자에 앉아 다른 사람들의 영법을 유심히 관찰하며 내 자세를 머릿속으로 상상해본다. 자유형, 배영, 평영, 접영 네 가지 영법 중 좌우 균형이 맞지 않는 것은 자유형이다. 대부분 오른쪽으로만 호흡하기 때문이다.

나는 지금까지 왼쪽으로 호흡하는 사람을 본 적이 없었

방법

다. 그런데 어느 날, 한 사람이 오른쪽과 왼쪽으로 번갈아 고개를 돌리며 매끄럽게 나아가는 모습을 보았다. 그동안 나는 오른쪽으로만 호흡하며 목과 몸의 균형을 무너뜨리고 있었던 것이 아닐까? 왼쪽 호흡을 하는 모습이 너무나 신선하게 느껴졌던 그 순간, 나도 왼쪽 호흡을 배워야겠다는 생각이 번뜩 들었다.

곧바로 유튜브에서 '왼쪽 호흡하는 법'을 찾아보았다. 영상을 보며 상상 속에서 몇 번이고 시뮬레이션을 하고는 다음 날, 직접 도전해보기로 했다.

레인 벽을 힘차게 차며 잠영으로 출발한다. 물 밖으로

나오면서 왼쪽 호흡을 시도한다. 그런데 이상했다. 분명 고개는 왼쪽으로 돌았는데, 얼굴이 완전히 물 밖으로 빠져나오지 않아 공기를 들이마실 수 없었다. 나는 당황하며 급히 익숙한 오른쪽으로 고개를 돌려 숨을 쉬었다.

'이게 왜 이렇게 어렵지?'

자유형을 처음 배울 때처럼 어색했다. 알고 보니 단순히 고개만 반대쪽으로 돌린다고 숨을 쉴 수 있는 게 아니었다. 입과 코가 충분히 물 밖으로 나와야 숨을 들이마실 수 있고, 그러려면 몸 전체를 회전시키는 롤링이 필요했다. 수영을 배울 때 강사들이 롤링을 그렇게나 강조했던 이유를 이제야 확실히 이해할 수 있었다.

모든 영법을 배웠고, 물에 대한 두려움도 사라졌다. 그런데 왼쪽으로 호흡할 수 없다는 것을 깨닫는 순간, 작은 탄식이 나왔다. '아, 음파 호흡법부터 다시 배워야 하는구나!' 고개를 오른쪽이 아닌 왼쪽으로 돌리기만 하면 된다고 쉽게 생각했는데, 전혀 아니었다.

다시 물속을 잠영하다 왼쪽 호흡을 시도했을 때는 물을 한가득 삼켰다. 수영을 처음 배웠을 때에도 이렇게 물을 많이 먹어본 적은 없었다. 당황하며 오른쪽 호흡으로 겨우 레인 끝에 도착해 콱콱거렸다.

결국 다시 기본으로 돌아가기로 했다. 음파 호흡법을 상기하며 레인 옆에 서서 숨을 뱉고 들이마시는 연습을 반복했다. 유튜브 영상을 몇 편 더 찾아보며 좌우 호흡법을 익혔다. 몇 날 며칠을 연습했지만, 여전히 쉽지 않았다. 그러다 어느 순간, 딱 한 번 성공했다. 완벽하지는 않았지만, 확실히 가능성을 본 순간이었다.

이후 수영장에 갈 때마다 무조건 왼쪽 호흡을 연습했다. 마치 수영을 처음 배우는 것처럼 새로운 도전이었다. 하지만 여전히 문제는 남아 있었다. 왼쪽 호흡을 할 때면 몸이 똑바로 나아가지 않고 삐뚤삐뚤 흔들렸다. 레인에 팔이 걸리기도 했고, 호흡에 신경을 곤두세운 나머지 앞서가던 사람의 발을 건드리기도 했다. 마치 처음 자유형을 배울 때처럼 말이다.

왼쪽 호흡을 연습하면서 내가 너무나 익숙하게 해왔던 오른쪽 호흡을 다시 관찰하게 되었다. 숨을 들이마시기 전, 물속에서 코로 '음' 하고 천천히 숨을 내뱉는 과정, 고개를 돌릴 때 뻗은 오른팔에 머리를 편안히 기대는 듯한 느낌, 숨을 들이마시는 타이밍까지. 그동안 무의식적으로 해왔던 모든 동작을 새롭게 인식하게 되었다.

마르쿠스 아우렐리우스는 말했다.

> 삶을 다시 시작할 수 있다. 그대가 오래전에 본 것들을 새롭게 바라보라. 이것이 삶을 다시 시작하는 방법이다.

왼쪽 호흡은 나에게 낯선 도전이었다. 하지만 꾸준히 연습하다 보니 그 낯설음이 익숙함으로 변해갔다. 삶이란 계속해서 낯선 것에 도전하고, 그것을 익숙하게 만들어가는 과정이 아닐까. 우리는 언제든 다시 시작할 수 있다. 익숙한 것들을 새롭게 바라보는 순간, 삶은 다시 펼쳐진다.

이 세상의

암묵적 규칙

수영장은 일상의 번잡함에서 벗어나 몸의 움직임에만 몰입할 수 있는 작은 우주다. 하지만 이곳에도 질서는 존재하고, 보이지 않는 규칙들도 많다.

금요일 오후 자유 수영 시간, 느긋하게 평영으로 유영하는데 앞서가던 청년이 갑자기 레인 한가운데 멈춰 서더니 뒤뚱뒤뚱 어색하게 걷기 시작했다. 나는 그 뒤를 조심스레 따라가며 속도를 줄였다. 수영 도중 갑자기 멈추는 건 도로 한복판에서 급정거하는 것과 같다. 중급 이상 레인에서는 특히 피해야 하는 행동이다. '이 청년이 룰을 잘 모르는구나!' 생각하며 조용히 지나쳤다.

잠시 후 레인을 왕복하고 돌아왔을 때, 청년은 얼굴을 붉히며 혼잣말을 하고 있었다. "나보고 어쩌라는 거야?" 고함은 아니었지만, 옆 레인에 있는 사람에게 충분히 들릴 정도였다. 그 목소리에는 당혹감과 짜증이 고스란히 묻어났다.

금세 무슨 상황인지 파악할 수 있었다. 청년의 수영 실력은 아주 초보는 아니지만 능숙하진 않았고, 아마 이 수영장이 처음인 것 같았다. 청년은 출발 지점 중앙에 서서 기다리며 쉬다가 왕복하던 할아버지에게 "거기 서 있으면 안 되지!"라는 말을 들었고, 그래서 왼쪽 레인 벽으로 옮겼던 모양이다. 하지만 턴을 하려던 아주머니가 그를 보고 벌떡 일어나 "여기 있으면 턴 못해요!" 말하고는 휙 돌아 잠수로 사라진 것이다.

청년은 난감했을 것이다. 중앙도 안 되고 왼쪽도 안 되면 도대체 어디에 있으란 말인가. 물속에 멍하니 서 있는 그의 모습은 꼭 길을 잃은 사람 같았다.

나는 조심스럽게 다가가 최대한 부드럽게 말했다. "이곳 수영장은 우측 통행이에요. 쉴 때 우측 끝에 바짝 붙어 있어야 해요. 왜냐면 왕복하는 사람들은 왼쪽 벽을 짚고 턴을 하거든요. 그래야 우측 통행으로 쉽게 갈 수 있어서요. 왼쪽에 서 있으면 그 흐름을 막게 돼요."

그는 알겠다고 짧게 대답하고는 조용히 샤워실로 향했다. 그 뒷모습을 보는데 여러 생각이 스쳤다. 할아버지도, 아주머니도, 그리고 나 역시도 그에게 나름대로 규칙을 알려주려 한 것이지만, 그의 입장에서는 결국 세 번 연속 지적을 받은 셈이다. 처음 찾은 수영장에서 암묵적 규칙을 몰라 부딪힌 그는 아마 속으로 '다시는 오지 않겠다'고 생각했을지도 모른다.

마르쿠스 아우렐리우스는 말했다.

> 누군가 내 생각이나 행동이 옳지 않음을 보여준다면 기꺼이 바꾸겠다. 나는 진리를 추구하며, 진리는 결코 누군가를 해치지 않는다. 해를 끼치는 것은 자기기만과 무지를 고집하는 것이다.

청년은 단지 규칙을 몰랐을 뿐이다. 처음 접한 환경에서 연신 날아오는 지적들이 그를 불쾌하게 했고 방어 심리를 만들었을 것이다.

낯선 세계에 들어섰을 때 우리는 혼란을 겪는다. 처음 온 사람에게 수영장 분위기와 코스 규칙이 생소하듯이. 가끔은 무심한 한마디에 상처를 입고, 의도치 않게 방해자가 되어버리기도 한다.

수영장은 작은 사회다. 그 안에서 '내가 지금 어떤 위치에 있는지' '나는 흐름을 방해하고 있는지'를 스스로 인식할 수 있어야 한다.

수영장 측에 제안하고 싶었다. 수영장 벽에 꼭 필요한 규칙들을 큼직하게 적어두는 것이다. 예컨대 "쉴 땐 오른쪽 레인 줄에 바짝 붙으세요!"라거나 "수영하다 레인 중간에서 멈추지 않기!"같이 말이다.

명확한 규칙은 혼란을 줄이고, 감정의 마찰을 감소시키며, 모두가 평온하게 물살을 가를 수 있게 한다. 그것이야말로 마르쿠스 아우렐리우스가 말한 진리를 추구하는 것이며, 스토아 철학이 강조한 평정심으로 가는 하나의 방편이다.

우리는 수영장뿐만 아니라 직장, 가정, 친구 관계에서도 팔을 뻗으며 물어야 한다.

'나는 지금 흐름에 순응하고 있는가, 아니면 흐름을 막고 있는가?'

이 질문은 중요하다. 하지만 더 중요한 것은 스스로 지금 이 순간 깨어 있는지를 인식하는 것이다.

플립턴을

독학하다

한 사람이 레인 끝자락에서 갑자기 물속으로 사라졌다. 잠시 후 삼사 미터 앞에서 솟아올라 반대편으로 유유히 나아갔다. 레인 옆에 서서 쉬고 있던 나는 순간 멍해졌다. '방금 뭐였지?'

며칠 뒤, 수영장에서 동호회 회원들로 보이는 일고여덟 명이 똑같은 빨간색 수영모자를 쓰고 일정한 간격을 유지하며 레인을 도는 모습을 보았다. 그러다 그들 중 두 명이 물속에서 매끄럽게 앞구르기하듯 몸을 회전하며 벽을 차고 나가는 장면을 목격했다. 나는 생각했다. '와, 멋진데!'

그것이 바로 '플립턴'이었다. 보통 하는 오픈턴처럼 벽을 터치하고 돌아가는 방식이 아니라, 물속에서 회전하며 벽을 강하게 차고 나아가는 동작. 이는 단순한 기술이 아니라, 수영 경력이 상당히 오래되었음을 증명하는 상징과도 같았다. 자유형, 배영, 평영, 접영을 익히고 오픈턴까지 배우고 난 후에 한 단계 더 높은 숙련도를 보여주는 동작이 바로 플립턴이다. 이 기술을 구사하는 사람이라면 네 가지 영법을 능숙하게 소화하지 못할 리 없다.

나는 그날부터 플립턴을 배우기로 결심했다. 먼저 영상을 찾아보며 동작을 익혔다. 어린 시절 태권도장에서 텀블링하던 기억을 떠올렸지만, 막상 물속에서 앞구르기를 시도하려니 두려움이 엄습했다. 결국 첫 시도에서 곧바로 실패했다. 몸을 돌리는 순간 코로 물이 쏟아져 들어왔고, 나는 허우적거렸다. 이후 숨을 내쉬며 몸을 회전해야 한다는 걸 깨달았고, 수영장에 갈 때마다 턴 지점에 사람이 없으면 앞구르기를 연습했다.

그러던 어느 날은 반드시 벽을 차고 나가겠다고 다짐했다. 그러나 현실은 혹독했다. 몸을 돌리는 순간 머리는 바닥을 향하고 다리는 엉거주춤 떠오르는 바람에 벽을 차지도 못한 채 물속에서 허우적댔다. 숨을 다 내뱉어버린 탓에 다시 코로 물이 들어왔고, 눈물이 핑 돌았다. '플립턴은 내가 넘을 수 없는 산인가?'

한 달이 더 흘렀다. 그동안 시행착오를 거듭하며 익힌 노하우는 '몸을 수평으로 만드는 것'이었다. 턱을 당기고 몸을 강하게 회전하니, 비로소 벽을 차고 나갈 수 있었다. 플립턴의 핵심은 벽에서 칠팔십 센티미터 정도 떨어진 위치에서 차려 자세로 몸을 정렬한 뒤, 턱을 당기며 빠르게 회전하는 것이다. 이때 '코로 숨을 천천히 내뱉는 것'이 가장 중요하다. 그래야 물이 들어오지 않는다. 앞구르기가 끝나면 몸을 수평으로 만들고, 벽을 차면서 자유형 자세로 전환해야 한다.

나는 플립턴을 강사에게 배운 적이 없다. 집중적으로 연습한 것도 아니다. 다만 기회가 될 때마다 조금씩 시도했을 뿐이다. 그런데 그 작은 노력들이 쌓이면서, 어느 순간 놀라운 일이 벌어졌다. 내가 물속에서 여유롭게 몸을 회전하며 숨을 천천히 내뱉고 있었다. 돌고 있는 내 다리, 발로 차야 할 벽의 위치가 선명하게 보였다. 그 순간, 내 안에 여유가 생겼다는 걸 깨달았다.

어떤 기술이든 시간이 누적되면 임계점을 넘는다. 그때부터는 단순한 반복이 아니라, 세부적인 요소 하나하나가 보이기 시작한다. 익숙해지면 여유가 생기고, 여유가 생기면 동작을 의도적으로 조정할 수 있다. 결국 동작 하나하나에 자기 생각을 담을 수 있게 되는 것이다. 그것이 바로 '숙련'의 과정이다.

나는 플립턴을 배우는 과정에서 중요한 교훈을 얻었다. 처음부터 완벽한 동작을 구사하려 하지 말고 부분 동작을 연습하며 익숙해지는 게 중요하다는 것. 그리고 어느 정도 익숙해졌다면, 두려움을 떨치고 과감하게 온전한 동작을 시도해야 한다는 것. 난 바로 이 '온전한 동작 시도하기'를 계속 미루었다.

고대 철학자 세네카는 말한다.

> 경험 없는 사람들이 서툰 것은 대부분 새로움 때문이다. 하지만 익숙해지고 나면, 이전에는 참을 수 없었던 것들도 더 용감하게 참을 수 있다.

우리의 적응 능력은 놀라울 정도로 강하다. 연습을 거듭하면 처음엔 불가능해 보였던 것도 사소한 문제로 변한다. 근육이 단련되면 더 무거운 것을 들어 올릴 수 있듯이.

에픽테토스는 말한다. "큰 어려움을 극복할수록 더 많은 영광이 따른다. 유능한 선원은 폭풍우 속에서 명성을 얻는다." 세네카 또한 이렇게 말했다. "바람에 흔들리는 나무의

뿌리가 가장 튼튼하다. 반면 온실 속에서 자란 나무는 가장 약하다."

인생에서 마주하는 난관은 자신이 누구인지 증명할 기회다. 불은 금을 시험하고, 역경은 사람을 단련한다. 스토아 철학자들은 역경을 이겨내야 하는 동시에 환영해야 하는 경쟁자로 보았다. 경쟁 상대가 없다면 우리의 업적도 가치가 없기 때문이다. 세네카는 이런 멋진 말을 한다.

> 스스로 위대한 사람이라고 말해도, 운명이 당신에게 그걸 증명할 기회를 주지 않는다면 정말 그런지 어떻게 알 수 있을까? 올림픽에서 유일한 참가자가 되는 것과 같다. 왕관을 얻어도 승리는 얻지 못한다.

엄청난 인물들이 한평생을 역경 없이 살다 자신이 어떤 잠재력을 가졌는지도 모른 채 삶을 마감하는 경우가 부지기수다. 역경이 필요한 이유다.

플립턴을 독학하는 것은 힘들었지만, 물속에서 새로운 도전을 마주하는 과정이 수영을 더욱 흥미롭게 했다. 이야말로 진정한 배움의 즐거움임을 새삼 깨닫는다. 결국 힘들지 않으면 즐거움도 없다.

종아리에

때로는 매일 하는 것보다 하루를 건너뛰는 편이 더 치열하게 임하는 방법일 수도 있다. 중요한 건 '얼마나 자주'가 아니라 '얼마나 치열하게'다. 오늘이 마지막 날이라고 생각하면 사람이 더 간절해지듯이 말이다.

내가 다니는 수영장은 평소 한적한 편이다. 하지만 이 날만큼은 예외였다. 연휴 동안 수영장이 휴장하기 때문일까? 개장 전부터 붐비며 모든 레인이 꽉 찼다. 사람들이 줄지어 헤엄치는, 유튜브 영상에서나 보았던 만원 수영장이 떠올랐다.

강습을 받으면 혼자 수영할 때보다 강도 높은 운동을 하

쥐가 났던 날

게 된다. 강사와 회원들이 함께하니 자연스럽게 스스로를 더 밀어붙이게 된다. 하지만 이제는 매일 수영을 하지 않는다. 일주일에 2~3회, 하루걸러 한 번씩 자유 수영을 한다.

수영장에 매일 다닐 때는 수영을 이삼십 분 정도만 하고 말 때가 많았다. '어차피 내일 또 오니까, 오늘 조금 덜하고 내일 더 하자!'라는 안일한 마음 때문이었다. 하지만 이틀에 한 번 가는 요즘은 '내일은 수영을 안 한다'고 생각하며 오늘 체력을 충분히 소진하려 애쓴다. 시간을 허투루 쓰지 않고 한 시간을 꽉 채운다. 이게 내 체력을 끌어올리는 원동력이 되는 것 같다. 다만 한번 빠지기 시작하면 계속 빠질 위험이 있다는 것이 함정이다. 그래도 정기권을 끊으면 '돈이 아까워서라도' 꾸준히 가게 된다. 이게 또 묘한 심리다.

며칠 전, 자유 수영을 하는데 옆 레인에서 물살을 가르며 거침없이 나아가는 사람이 눈에 들어왔다. 군더더기 없이 매끄러운 자세였다. 자연스럽게 경쟁심이 발동했다. 속도를 높이며 따라잡으려 했지만, 쉽게 간격이 좁혀지지 않았다.

'좋아, 한 번 더!' 생각하며 자유형으로 힘차게 나아가는데, 갑자기 왼쪽 종아리가 굳어버렸다. 단단히 쥐가 난 것이다. 하지만 중간에 멈출 수는 없었다. 저 끝까지 가야만 했다. 이를 악물고 스트로크를 이어갔다. 한 팔, 또 한 팔. 발을 움직일수록 통증이 점점 심해졌지만, 버티며 끝까지 헤엄쳤다.

간신히 도착하여 벽을 잡고 멈춰 섰다. 종아리를 손으로 문질렀지만, 딱딱하게 굳은 근육은 좀처럼 풀리지 않았다. 아예 물 밖으로 나와 바닥에 쪼그리고 앉아 종아리를 살폈다. 그렇다고 안전요원을 부르기엔 애매하고 민망한 상황. 스스로 해결하려고 아무렇지도 않은 척 조용히 종아리를 계속 꾹꾹 눌렀다.

근육이 약간 풀린 뒤에는 다시 쥐가 날까 봐 아주 천천히 걸었다. 이 순간을 글로 남겨야겠다는 생각이 들어 제목도 정했다. '오늘은 쥐가 났기에 내가 더 확장된 날이다.'

매일 수영장에 다니던 때는 이런 일이 없었다. 헐렁하게 이삼십 분 정도 수영하고 말았기 때문일까. 결국 중요한 건 '매일'이냐 '가끔'이냐가 아니라, 짧은 시간이라도 얼마나 치열하게 몰입하느냐다.

세네카는 말한다. "우리는 삶이 짧다고 불평하지만, 실상은 우리가 많은 시간을 낭비하기 때문이다." 중요한 것은 시간의 길이가 아니라 그것을 어떻게 활용하느냐다. 하루 걸러 가는 수영이 나를 더 치열하게 만드는 이유다.

마르쿠스 아우렐리우스는 『명상록』에서 이렇게 말한다. "현재를 살아라. 과거는 지나갔고, 미래는 아직 오지 않았다." 수영할 때도 마찬가지다. 다음번을 기약하기보다는, 지금 이 한 번을 최선으로 만들어야 한다.

오늘이 나의 마지막 수영이라면, 어떻게 할 것인가? 그 질문에 답하는 마음으로 물속에 뛰어든다.

우리는

어느 곳에서도

'처음'은 늘 아련하다. 오늘 수영을 처음 배운 그 수영장을 다시 찾았다. 삼 년 전, 전혀 물에 뜨지도 못했던 시절의 기억이 이곳에 고스란히 남아 있었다. 안전요원들이 앉는 높은 의자, 벽시계, 청소년·초급·중급·고급·장년으로 나뉜 레인 팻말들. 어둑한 조명도 예전 그대로였다. 오직 탈의실을 관리하는 아저씨만 바뀐 것 같았다.

청소년 레인을 보니 아련한 감정이 밀려왔다. 나는 이곳에서 수영을 시작했다. 어른이 청소년 레인에서 수영한다는 것이 왠지 창피해서 빨리 초급 레인으로 옮겨 가고 싶었다. 그러나 지금 와서 돌아보면, 나 혼자 부끄러워했을 뿐 남들

삶을

배울 수 있다

은 신경도 쓰지 않았을 것이라는 생각이 든다. 마르쿠스 아우렐리우스는 말했다. "우리가 두려워하는 것은 대부분 실제로 일어나지 않으며, 일어난다고 해도 그리 대단한 일이 아니다." 그 시절 나는 '초급' 레인으로 올라가는 것에만 몰두했다. 이제는 소중한 추억이 되었다.

오늘 나는 '중급'도 아닌 '고급' 레인에 모여 접영하는 무리에 합류했다. 맨 앞에서 이끄는 까무잡잡한 피부의 중년 여성은 둘러 서 있는 우리에게 열 바퀴 도는 것이 목표라고 말했다.

나는 다섯 바퀴쯤 돌고 나서 너무 힘들어서 일곱 바퀴째에 빠지기로 마음먹었다. 그런데 그때, 그가 웃으며 "아저씨들, 힘들다고 중간에 빠지지 마세요" 말하는 게 아닌가. 내 마음을 들킨 것 같아 피식 웃었다. 그러자 그는 내 표정을 보고 "여기 계신 아저씨, 속마음을 들켰나 봐!" 하며 다른 사람들과 함께 크게 웃었다. 예전 같았으면 부끄러워했을 내 모습이 이제는 그저 유쾌하다.

이후 힘을 조금 덜 쓰기 위해 중급 레인으로 옮겼다. 그런데 출발 지점에 젊은 남녀가 잔뜩 호감 어린 눈빛으로 대화를 나누고 있었다. 수영 이야기, 주식 이야기, 직장 이야기 등… 사랑에 빠진 연인들이 주변을 의식하지 않듯, 그들은 같은 자리에서 삼십 분 이상 이야기를 나누었다. "삶은 속도가 아니라 방향이 중요하다"는 세네카의 말이 생각났다. 때로는 속도를 내어 달리는 것보다 멈추어 방향에 관해 이야기 나누는 것이 더 중요할 수도 있다. 이들에게는 오늘이 인생에서 가장 중요한 순간이 될지도 모른다.

천천히 수영을 즐기고 있는데, 갑자기 뒷사람의 팔이 내 발에 닿았다. 이런 일이 가끔 있다. 그럴 때마다 마치 빨리 가라고 독촉받는 기분이 들지만, 이젠 조급해하지 않고 차분하게 스피드를 올린다. 내 페이스를 지키며 수영을 계속한다.

출발 지점에서 쉬고 있는데, 한 아주머니가 급히 나를

불렀다. 발에 쥐가 났다는 것이다. 순간 당황했지만, 어릴 때 축구를 하다가 쥐가 나면 엄지발가락과 둘째발가락 사이를 힘껏 누르며 근육을 풀어주던 방법이 떠올랐다. 잠시 후 아주머니는 괜찮아졌다며 감사를 전했다.

샤워장에서는 한 어르신이 장난치다 씻지도 않고 수영장으로 들어가려는 두 아이에게 벽에 적힌 '제발 샤워를 알뜰히 하세요. 그런 다음에 수영장에 들어가세요'라는 글을 가리키며 깨끗이 씻고 수영하는 것이 예의라고 조용히 설교했다. 요즘에는 아이들이 모르고 잘못을 해도 지적하고 고쳐주는 어른이 드물다. 그가 존경스러웠다.

겨우 한 시간 조금 넘는 동안 수영장에 있었을 뿐인데, 우리 삶의 축소판이 이곳에서 그대로 재현되고 있었다. 도전과 성장, 유머와 배려, 사랑과 배움이 수영장 물결 속에도 있다. 그 어느 곳에서도 우리는 삶을 배울 수 있다.

에필로그

물속에서는
모든 것이 단순해진다

푸르스름한 수영장 물빛, 염소 냄새, 빨강·파랑·노랑색 레인 로프, 샤워기에서 터져 나오는 물줄기, 탈의실에서 조용히 돌아가는 선풍기, 졸고 있는 관리인 아저씨의 모습까지…. 언제나 그 자리에 있었지만 무심코 지나쳤던 것들이 새삼 또렷하게 다가왔다. 마치 영화에 나온 자신의 식당을 보니 조명과 카메라 앵글 덕분에 숟가락 하나까지 새롭더라는 어느 식당 주인의 말처럼, 나 역시 수영장을 전혀 다르게 바라보게 된 계기가 있었다. 바로 도서출판 들녘을 만나고 난 후다. 이 글이 한 권의 책으로 완성될 수 있도록 애써주신 이정원 대표님과 이수연 편집장님께 진심으로 감사드린다.

물속에 들어가는 순간, 복잡하게 얽혀들던 생각이 멈춘다. 뇌를 가득 채우던 고민도, 마음을 짓누르던 분노도 물속에서는 힘을 잃는다. 수영은 고립이다. 이 시대에 고립은 오히려 축복이다. 늘 연결된 상태로 살아가는 우리는 전화벨과 문자 메시지 수신음 등 각종 알림에 끊임없이 노출되어 있다. 그런 시대에 수영만큼 철저히 단절되는 경험도 드물다.

어쩌면 수영장은 삶의 중압감을 해소하기 위해 생긴 공간이 아닐까. 수영장에서는 어른도 아이가 된다. 장난기 가득한 물장구 소리, 물속에서 물구나무를 서는 백발 어르신들, 샤워실 거울 앞에서 터지는 웃음소리. 이곳은 스트레스와 어울리지 않는 공간이다. 물은 나를 지우고, 다시 나를 드러낸다. 수영장을 지키고 함께하는 모든 분께도 고마움을 전한다.

스토아 철학을 공부하는 이유는 단 하나, 삶을 개선하여 더 나은 사람이 되기 위해서다. 인간에게 주어진 본성을 따르며, 지혜·용기·정의·절제라는 '네 가지 미덕' 아레테(arete)를 실천하고, 진정한 '평온' 아타락시아(ataraxia)에 이르러, 마침내 '선한 영혼' 에우다이모니아(eudaimonia)에 도달하는 것. 그것이 스토아 철학의 목표이자, 인간으로서의 사명이다.

황제이자 철학자였던 마르쿠스 아우렐리우스는 평생

을 떠돌며 삶의 의미를 물었다. 그 물음에 대한 답은 어디에도 없었다. 그러나 그는 질문하기를 포기하지 않았고, 사유한 흔적을 남겼다. 그리고 마침내 명예도, 재물도, 제멋대로 사는 것도 정답이 아님을 깨달아 이렇게 고백했다.

> 우리가 두려워해야 할 것은 죽음이 아니라, 제대로 된 삶을 시작하지 못하는 것이다.

우리는 어디에서 삶의 답을 찾을 수 있을까. 남들이 가는 길을 무비판적으로 따라가다 보면, 내 삶의 의미를 묻기도 전에 생이 끝날 수 있다. 그래서 스토아 철학자들이 남긴 문장들은 소중하다. 그 문장들을 마음에 새기고 살아간다면, 그래도 조금은 덜 헤맬 것이다.

수영은 내 안의 소음을 가라앉히고, 스토아 철학은 나를 다시 세우는 훈련이다. 삶은 명확성과 결단력, 반복되는 훈련이 더해질 때 비로소 단순해진다. 그리고 단순함 속에서 우리는 평온과 가까워진다.

삶이 버겁게 느껴질 때, 잠시 물속으로 들어가보라. 그리고 아우렐리우스를 떠올려보라. 아직, 우리는 제대로 된 삶을 시작할 수 있다.